# INICIAÇÃO AO PIANO & TECLADO

## Antonio Adolfo

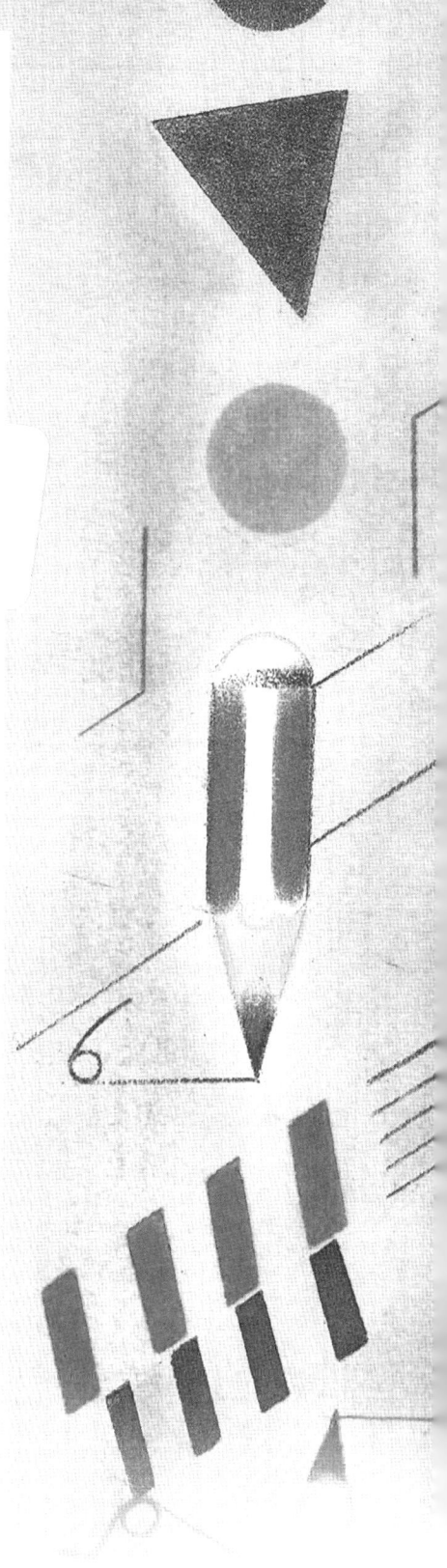

Nº Cat.: IAPT

Irmãos Vitale Editores Ltda.
vitale.com.br
Rua Raposo Tavares, 85  São Paulo  SP
CEP: 04704-110  editora@vitale.com.br  Tel.: 11 5081-9499

Editado por Irmãos Vitale Editores Ltda. - São Paulo - Rio de Janeiro - Brasil.
Todos os direitos autorais reservados para todos os países. *All rights reserved.*

CIP-BRASIL. CATALOGAÇÃO NA FONTE
SINDICATO NACIONAL DOS EDITORES DE LIVROS - RJ.

A186i

Adolfo, Antonio, 1947-
　　Iniciação ao piano e teclado / Antonio Adolfo ; editado por Almir Chediak. - São Paulo : Irmãos Vitale, 2011.
　　132p. : música

　ISBN 978-85-7407-319-4

　　1. Instrumentos de tecla do - Instrução e estudo.
　　　I. Título

11-1358.　　　　　　　　　　　　　　　　　　　　CDD: 786
　　　　　　　　　　　　　　　　　　　　　　　　CDU: 780.616.43

11.03.11　　　　　　　　15.03.11　　　　　　　　　　　025039

Copyright © 1994 Antonio Adolfo.

Todos os direitos reservados

**Capa e ilustrações:**
Bruno Liberati

**Revisão de texto:**
Nerval Mendes Gonçalves

**Digitalização de imagens e criação dos gráficos dos teclados:**
Márcio Carneiro

**Composição e diagramação:**
Antonio Adolfo e Júlio César P. de Oliveira

# Índice

Introdução 6

## Parte I

*O que é, o que é?* 9
O teclado 10
Vamos conhecer o teclado? 11
  *O rouxinol - Parte 1* 12
Conhecendo o piano 13
  *O gato peludo* 14
  *A sinfonia dos sapos-martelo* 14
Vamos conhecer o piano por dentro? 16
As três regiões do teclado 17
A representação gráfica das regiões 18
Vamos sonorizar? 19
  *O rouxinol - Parte 2* 20
Valores curtos e valores longos 21
Músicas para se ler ao piano/teclado 22
  *Música nº1: Marcha, soldado* 22
  *Jogos de percussão* 23
  *Vaga-lume* 23
Alternando as mãos 24
Subindo e descendo 25
O andamento 27
  *O riacho* 28
  *Maria-fumaça* 29
Acelerando e diminuindo o andamento 30
  *O som maneiro de Juliana e Pedro* 32
Brincando no teclado 33
Brincando com as teclas pretas 35
  *O rouxinol - Parte 3* 36
Músicas nas teclas pretas 37
  *Berimbau* 37
  *Lê - lê - lê* 38
  *Pão quentinho* 38
  *Lá-lá-iá* 39
  *Chicotinho Queimado* 40
  *Passarinho* 41
A mão e seus dedinhos 42
Conhecendo as teclas brancas 44
  *Vamos tocar todo o bife?* 44
Marque as teclas brancas 45
  *O rouxinol - Parte 4* 47
Conhecendo a nota dó 48
  *A música do dó* 48
Usando os dedinhos nas teclas pretas 49
  *Faz sol lá* 49
Lendo nas linhas e nos espaços 50
Onde se escreve o dó? 51
Os valores de um e de dois tempos 52
  *A flor e o vento* 53

Brincando com o ritmo  54
Recortando as casinhas e compondo  55
Vinte perguntinhas para você responder  56

## Músicas por imitação

*Palitinhos 1*  58
*Cai, cai, Balão*  58
*Palitinhos 2*  59
*Bate, bate o ferreiro*  59
*Capelinha de melão*  60
*London bridge*  60
*Marcha, soldado*  61
*Ten little indians*  61

# Parte II

*O rouxinol - Parte 5*  65
Ditado  66
Tocando músicas nas teclas brancas  67
*Música 1: mão direita*  69
*Música 2: mão esquerda*  69
*Música 3: alternando mão esquerda e mão direita*  69
As casinhas e os compassos  70
*Coração apaixonado*  71
Quantos tempos tem uma casinha?  72
*O rouxinol - Parte 6*  75
A pauta musical  76
Conjunto de pautas  76
Vamos conhecer as notas na pauta?  77
Os nomes das sete notas musicais  78
*Minha canção*  78
Aprendendo a ler na pauta musical  79
*Música com duas notinhas*  79
Quatro músicas para você ler e tocar  80
A clave de sol e a clave de fá  81
Vamos aprender a desenhar as claves  81
Dois pontinhos no final  82
Hastes para cima e hastes para baixo  83
O ponto de aumento  84
Notas nas linhas e nos espaços  85
Recordando as notas  86
O silêncio (a pausa)  87
Desenhando as pausas  88
*O arco-íris*  90
Lendo notas e silêncio  91
Complete as casinhas com notas e pausas  92
Agora, vamos ler?  94
*O rouxinol - Parte 7*  96
Vamos relembrar as claves?  97
Som fraco e som forte  98
*A arara e os sete papagaios*  100

Vamos cantar a música da arara? 101
  *Arara* 101
  *O rouxinol - Ultima parte* 102

## Repertório Complementar

*Soldadinho* 104
*Para a mão esquerda* 104
*Dó - dó - ré* 105
*Brincando na neve* 105
*Branquinhas, pretinhas e gordinhas* 106
*Vai e vém* 106
*Navegando pelo mar* 107
*Sobe e desce* 107
*Valsa* 107
*Pescando no riacho* 108
*Valsa das andorinhas* 108

## Repertório por imitação

*O bifinho* 110
*Lagarta pintada* 110
*Bom companheiro* 111
*A canoa virou* 111
*Carneirinho, carneirão* 112
*Oh Suzana!* 112
*Careca do vovô* 113
*Escravos de jó* 114
*Gatinha parda* 115
*Mulher rendeira* 116
*Peixe vivo* 117
*Ciranda, cirandinha* 118
*A carrocinha* 119
*Margarida* 120
*Samba Lê-lê* 120
*Pirulito que bate, bate* 121
*Sapo jururu* 122
*O cravo brigou com a rosa* 123
*Marré de Ci* 124

# Introdução

Este livro nasceu simplesmente de minha experiência como educador.

Como professor, dono e diretor de uma escola de música no Rio, freqüentada também por muitas crianças na faixa etária de cinco a oito anos, resolvi criar *Iniciação ao Piano e Teclado* para suprir a ausência de material didático numa das áreas mais importantes do ensino.

O início do estudo de música muitas vezes vem através dos instrumentos aqui abordados.

Se quisermos apresentar uma didática moderna, que leve a um conhecimento adequado, temos de começar com algo totalmente diferente dos velhos padrões.

Os métodos tradicionais não consolidam o que a criança de hoje precisa para ingressar no estudo da música utilizando o piano ou o teclado como instrumento musical.

*Iniciação ao Piano e Teclado*, através de uma linguagem moderna, apresenta os parâmetros básicos da música, ensinando os primeiros passos e fazendo com que o aluno tenha contato com o(s) instrumento(s) sem receios, ou melhor, incentivando-o à expressão musical, não só tocando, mas também começando a aprender a ler música, a improvisar e até mesmo a compor. Tudo isso através de atividades diversas, de histórias e de outras opções associando diferentes situações e grafias à música.

O professor deverá seguir o roteiro aqui apresentado e, por vezes, além de demonstrar tocando e cantando (repertório por imitação), atuar como narrador. O aluno deverá usar um caderno de desenho para algumas atividades aqui apresentadas.

As aulas deverão ser alegres e lúdicas, e o professor deverá lançar mão de atividades paralelas quando necessário, procurando entender e não interferir na personalidade de cada aluno.

**Antonio Adolfo**

# PARTE I

# O que é, o que é?

*Sou branco e pretinho*
*Quando me tocam, mexo todo o meu corpinho*
*Posso levar vocês ao mundo dos sons sem fim*
*Gosto de fazer baterem o pezinho quando me ouvem*
*Juntos podemos fazer muita música*
*Para todos ouvirem, dançarem e cantarem*
*Juntos criamos ritmos, sons e emoções*

*O que é, o que é?*

*Venha, vamos tocar!*

**Faça um desenho bem bonito de mim!**

# O teclado

# VAMOS CONHECER O TECLADO?

**Professor(a):**

### Demonstração do teclado:
- Escolhemos a tecla **demo** e vamos ouvir uma demonstração do que ele pode tocar sozinho.

> DEMO

### Timbres

Vocês gostaram?

Agora vamos conhecer os seus sons, os seus **timbres.** Vamos escolhendo os sons um a um. Você vai perceber que tem uma grande orquestra nas mãos. Vamos lá! Quais os sons de que você está gostando mais? São diversas famílias de sons: as cordas, os metais, os teclados, os sintetizadores, os efeitos e muito mais... (se necessário, o professor usa vários timbres)

> **strings   horns   keyboard   percussion   effects...**

**Professor(a):**

- Vamos cantar uma música de que vocês gostam? (cada um escolhe uma música - não é necessário que todos cantem, mas vamos estimular esse tipo de atividade desde já e com muita alegria)

### Conhecendo os ritmos

Vamos então ouvir uma demonstração com diferentes ritmos, escolhendo-os um a um. Aperte a tecla **start**.

> START

Vamos ouvir o ritmo 02, o 03 etc.
E aí? O que você está achando?
Vamos tocar um rock e acompanhar com palmas. Batam palmas no ritmo!

Agora vamos acelerar o ritmo! (professor acelera, apertando o botão, e pede para os alunos fazerem o mesmo)

Diminuindo o andamento do ritmo! (professor pede ao(s) aluno(s) que aperte(m) a tecla que diminui o andamento)

Você pode controlar a velocidade, escolher o ritmo e escolher os sons que preferir para tocar sua música.

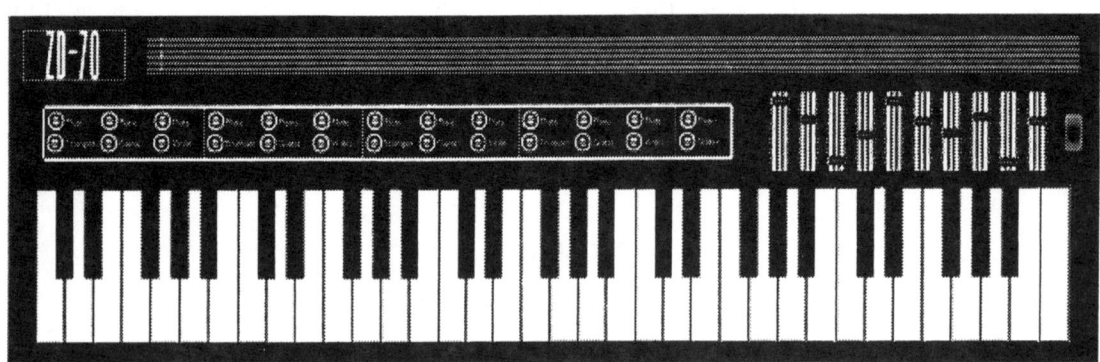

# O Rouxinol (de Andersen)
## Parte 1

*Foi na China, há muitos anos, que se passou esta história.*
*É uma história tão bonita que não pode ser esquecida.*
*O palácio do Imperador era o mais maravilhoso do mundo.*
*Havia um bosque lindo. E naquele bosque todos descobriram a maior riqueza da China: o canto de um rouxinol. (Vocês sabem o que é um rouxinol?)*
*E era lá que ele vivia, sempre a cantar. Um canto tão doce que até os pescadores paravam para escutar, à noite, quando saíam para recolher suas redes de pescar.*
*Só se falava naquele rouxinol.*

# Conhecendo o piano

Agora vamos para o piano. Mostrarei a vocês que **os sons graves estão do lado esquerdo.** (professor toca sons graves)

**Os sons agudos, do lado direito** (professor demonstra)

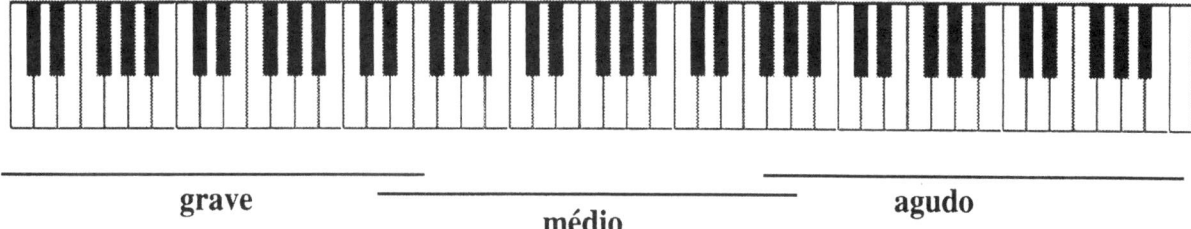

grave  médio  agudo

Vamos tocar uma nota grave? (cada aluno vai para o piano e toca uma ou mais notas graves com o dedo indicador ou com a palma da mão) (professor demonstra)

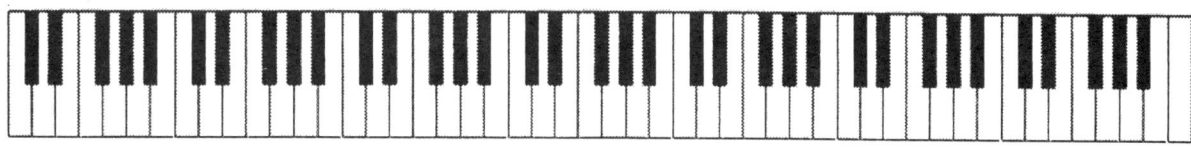

Agora vamos subindo do grave para o agudo. (professor demonstra e alunos tocam)

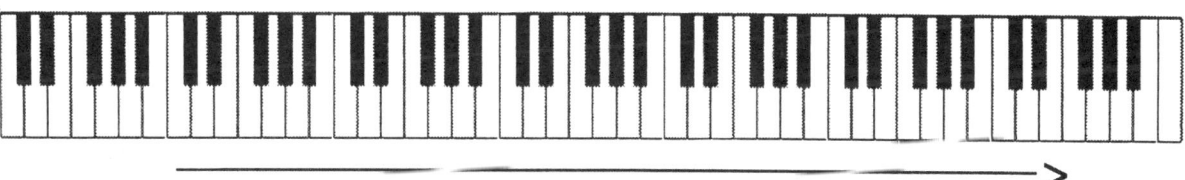

E descendo do agudo para o grave. (professor demonstra e alunos tocam)

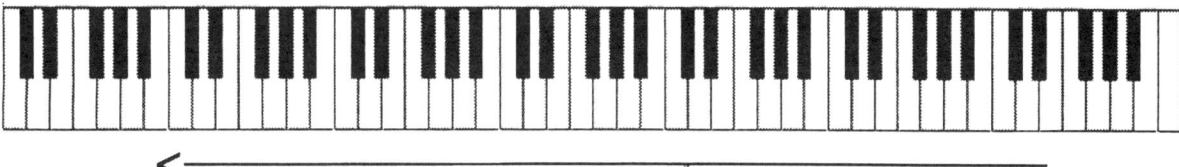

## O Gato Peludo

*Na minha casa tinha um gato. Ele se chamava Peludo. Adorava ficar deitadinho em cima do piano, olhando minha irmã tocar. E ele parecia gostar tanto de piano... Talvez quisesse ser um pianista. Pois ouçam isso: Bastava minha irmã sair um pouquinho do piano, e lá ia ele passeando do agudo para o grave e do grave para o agudo.*
*A música que ele tocava...será que era música mesmo? Que tal se chamássemos de "As Improvisações do Gato Peludo"?*

Vamos tentar imitar o que o Peludo fazia? (professor pede para os alunos imitarem o gato no teclado: do grave para o agudo e do agudo para o grave)

## A Sinfonia dos Sapos-Martelo

Agora vou contar outro caso para vocês:

*Outro dia fui passar um fim de semana numa fazenda no interior.*
*Chovia muito.*
*Havia também um lago lindo!*
*No lago havia sapos, peixes e patinhos.*
*À noite era uma cantoria só.*
*Na noite que estiou, dois sapos-martelos (um sapinho e um sapão) começaram a fazer um som:*
*O sapinho do lado direito cantava no agudinho.*
*O sapão, com seu som gravão cantava do lado esquerdo.*
*Um cantava: pó -pó -pó - pó -ró -pó -pó*
*E o outro respondia: pó-ró -ró -pó-pó*
*E, assim, ficaram a noite inteira a cantar.*

# Vamos imitar os sapos-martelos?

(Professor coloca dois alunos ao piano: um no grave e outro no agudo. Cada um toca um pouquinho de cada vez. E o professor vai regendo a improvisação: sapinho e sapão. (agudo e grave.)

Vamos criar uma improvisação no grave. (alunos tocam à vontade, um a um, improvisando na região grave)

Agora, os outros alunos criarão uma improvisação na região aguda.

Quem gostou de tocar no grave?
Quem preferiu o agudo?
Quem preferiu os dois?

Vocês seriam capazes de desenhar no caderno o que vocês tocaram? Quem preferir, pode contar uma pequena história: a história do grave ou a história do agudo.

## O Grave e o Agudo

**Desenho**

# Vamos conhecer o piano por dentro?

Retirando a tampa do piano, podemos conhecer o seu mecanismo. Repare como as teclas são ativadas.

Agora, o **pedal de sustentação das notas, o pedal abafador e o pedal que encurta os sons**. Como vocês viram, os três pedais podem: prolongar, abafar ou encurtar os sons.

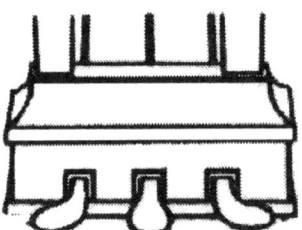

Vamos ver por que as notas graves são assim. **Repare que as cordas são grossas. Isso faz com que elas sejam graves. As cordas para a região aguda são fininhas e seu som é agudinho.**

E as cordas do meio do piano (região média)?

Olhe bem o piano por dentro pois vamos tentar desenhá-lo no caderno.

## Desenho

## Recordando

De qual você gostou mais? Do teclado eletrônico ou do piano? Gostou dos dois?

O que você descobriu no teclado eletrônico? (professor ajuda a responder)

No piano, os sons graves estão do lado...........

E os sons agudos estão do lado............

Se começarmos a tocar no lado esquerdo e subirmos para o direito, estaremos indo para o..............

Se começarmos a tocar do lado direito e descermos para o lado esquerdo, estaremos indo para o............. ........

# As três regiões do teclado

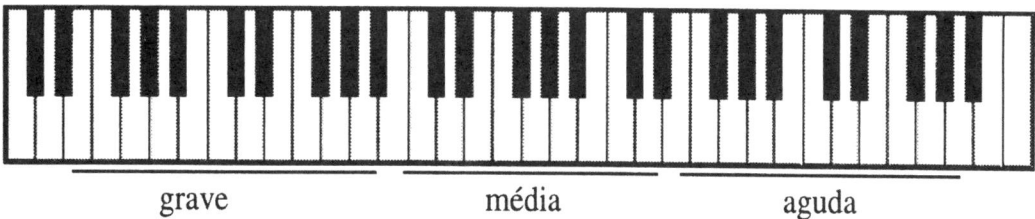

grave     média     aguda

Podemos notar que entre a região grave e a região aguda temos teclas que emitem sons médios: **é a região média.**

Portanto, toquemos um pouco na região média.

(alunos experimentam a região média da mesma forma que o fizeram com a grave e a aguda.)

## Vamos tocar?

(professor determina e cronometra mais ou menos dez segundos para cada região)

Vamos criar uma improvisação organizada: Primeiramente na região grave. Sem interromper, passamos para a região média e em seguida para a região aguda. (alunos, separadamente fazem experiência com os diferentes sons já numa seqüência)

Agora criaremos uma outra seqüência: Começaremos no agudo, passaremos para a região média e, em seguida, para a região grave. (outro aluno experimenta). E que tal uma seqüência diferente? Começamos pela região média, seguimos pela aguda e terminamos no grave. (outro aluno demonstra)

Agora que já conhecemos bem as diferentes regiões, podemos combinar mão esquerda e mão direita tocando em regiões diferentes.

(O primeiro aluno que irá improvisar no piano começará tocando com as duas mãos ao mesmo tempo no grave e no agudo. Depois passará para a região média, ainda com as duas mãos, e finalmente tocará mais dez segundos no grave com a mão esquerda.)

(professor rege a improvisação)

# A representação gráfica das regiões

Vamos usar três linhas para representar cada uma das regiões: a de cima para a região aguda, a do meio para a região média e a de baixo para a região grave.

Cada notinha será representada por uma bolinha preta. (gráfico)

*Lá no alto (agudo)*
*Bem no meio (médio)*
*Cá embaixo (grave)*


(professor demonstra)

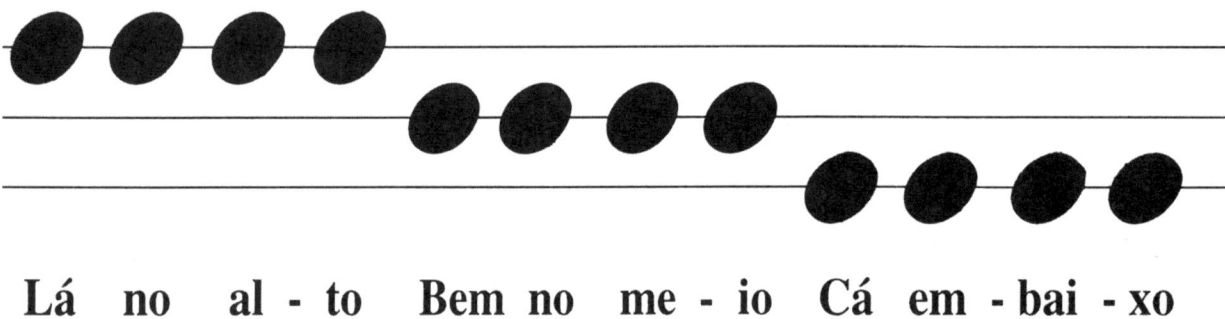

Toquem na região aguda, em seguida na média, e por final na região grave. Primeiramente com a mão direita e depois com a esquerda. (usar ambas as mãos)

Vamos tocar em conjunto? Cantemos a letra (versos). Vamos repetindo, pois a cada vez que ensaiarmos ficará melhor. (professor escolhe cada nota, uma para cada região, para que os alunos possam tocar em uníssono)

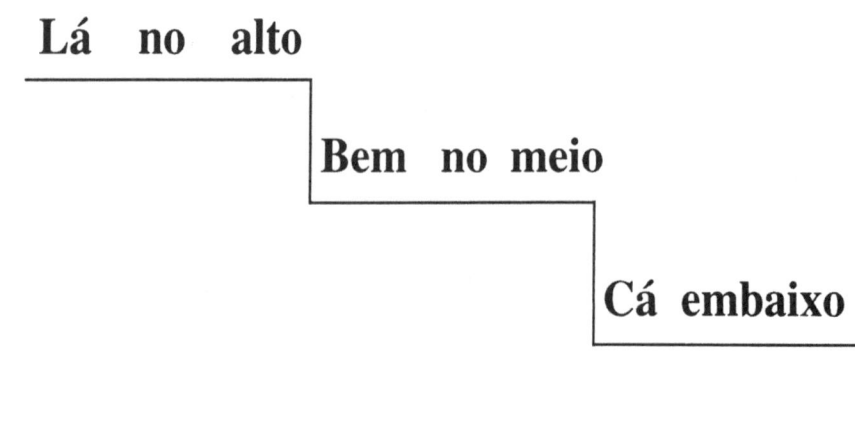

# É grave, médio ou agudo?

(Professor toca diferentes sons no teclado e o aluno identifica, de preferência sem olhar, dizendo se é grave, médio ou agudo.)

**Som nº 1:** ......................

**Som nº 2:** ......................

**Som nº 3:** ......................

**Som nº 4:** ......................

**Som nº 5:** ......................

**Som nº 6:** ......................

**Som nº 7:** ......................

**Som nº 8:** ......................

# Vamos sonorizar?

É assim que se faz nos filmes e nas novelas:
(professor escolhe um aluno)
Eis a primeira imagem: **"As estrelinhas da fada"**.
Prestem bastante atenção, pois vocês vão decidir quando usar um som grave, médio ou agudo.
(Enquanto o aluno cria uma curta improvisação, o professor interrompe por segundos a sua história.)
Agora vou continuar e pedir para outro aluno sonorizar **" Gotas de água caindo"**.
Uma outra imagem: **"O monstro ameaçador"**. Quem tem medo desses monstros que a gente pensa que existem mas, na verdade, são pura imaginação?
A quarta imagem que vou descrever vai ser sonorizada no teclado eletrônico: **"Engarrafamento de trânsito"**. (checar os efeitos de que o teclado dispõe)
(...e assim o professor poderá ir descrevendo mais algumas imagens para que os alunos sonorizem. É importante que se usem também ritmos como simples efeitos de sonorização. Esses ritmos podem ser disparados e interrompidos sem que o aluno precise ao mesmo tempo tocar as teclas do teclado)
(Poderá também gravar, e aí cabe ao professor mostrar como se grava no teclado.)
(Quem sabe se um aluno mais criativo irá escolher um timbre diferente? É muito importante que quando se trabalhe no teclado este seja explorado com o maior número de recursos possíveis.)
(A complementação desse tipo de trabalho poderá ser feita com o uso de discos de efeitos sonoros, ou mesmo músicas avulsas, para que os alunos descrevam as imagens para as mesmas.)

# O Rouxinol (de Andersen)
## Parte 2

Vocês ainda se lembram dele?

*Uma vez a notícia sobre o canto do rouxinol chegou ao Imperador, que se espantou ao saber que havia tal riqueza em seu jardim.*

*E o Imperador ordenou a seu cavaleiro que trouxesse aquele pássaro para cantar para ele. E insistiu. Ninguém ali na corte sabia sobre o rouxinol, a não ser a cozinheira do palácio, que costumava ouvi-lo emocionada quando passava pelo bosque.*

*E foram todos à procura do rouxinol, para trazê-lo para o Imperador, até que a cozinheira o achou.*

*- Meu pequeno rouxinol - disse em voz alta a cozinheira - , nosso Imperador quer que você cante para ele.*

*- Com o maior prazer! - disse o rouxinol. O cavaleiro, ouvindo o seu canto, ficou maravilhado. E o convidaram para uma grande festa no palácio naquela mesma noite.*

# Valores curtos e valores longos

(som curto e som longo)

Vamos tocar uma música só com valores de um tempo: ● Escolha uma nota aguda e toque. Cante também:

Eu  ti - nha_u -ma_an - do - ri - nha   que   me   fu - giu   da   ga - io - la

Agora toque na **região média:**

Eu  ti - nha_u -ma_an - do - ri - nha   que   me   fu - giu   da   ga - io - la

E na **região grave,** usando a mão esquerda:

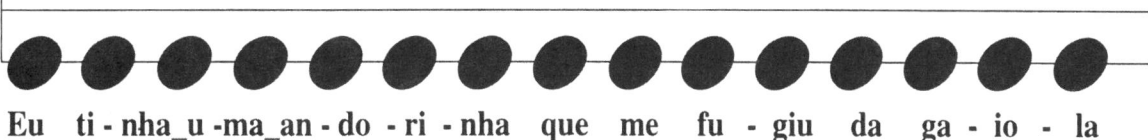

Eu  ti - nha_u -ma_an - do - ri - nha   que   me   fu - giu   da   ga - io - la

Se ligarmos duas notas pretinhas, elas vão durar mais. Terão duração longa: dois tempos.

(o professor não precisará exigir rigidez na contagem dos tempos durante esta fase)

**Músicas por imitação:**

*1) Palitinhos 1*
*2) Cai, cai, Balão*

# Músicas para se ler ao piano/teclado

Podemos tocar usando as duas mãos ao mesmo tempo. Experimente nas músicas a seguir.

## Música nº 1: Marcha, Soldado

(ligue com um tracinho as notas que, juntas, têm duração maior)

**aluno 1**

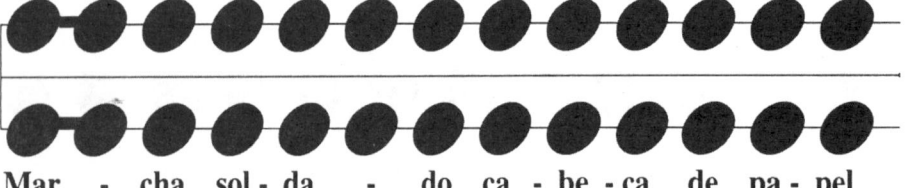

**aluno 2**

**aluno 3 e aluno 4**

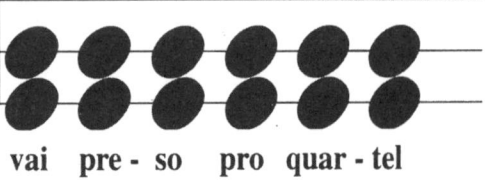

**M.E.** quer dizer mão esquerda e **M.D.** quer dizer mão direita. Portanto, sempre que você encontrar um **M.D.** escrito antes de um trecho musical, use a mão direita. Se você encontrar **M.E., use a mão esquerda.**

# Jogos de Percussão

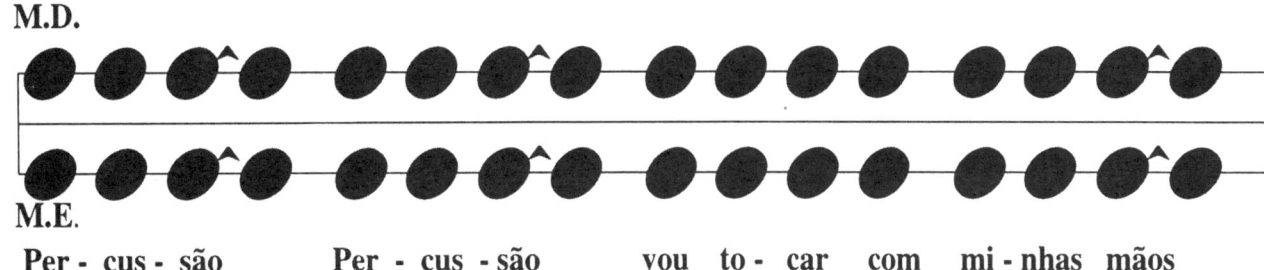

# Vaga-Lume

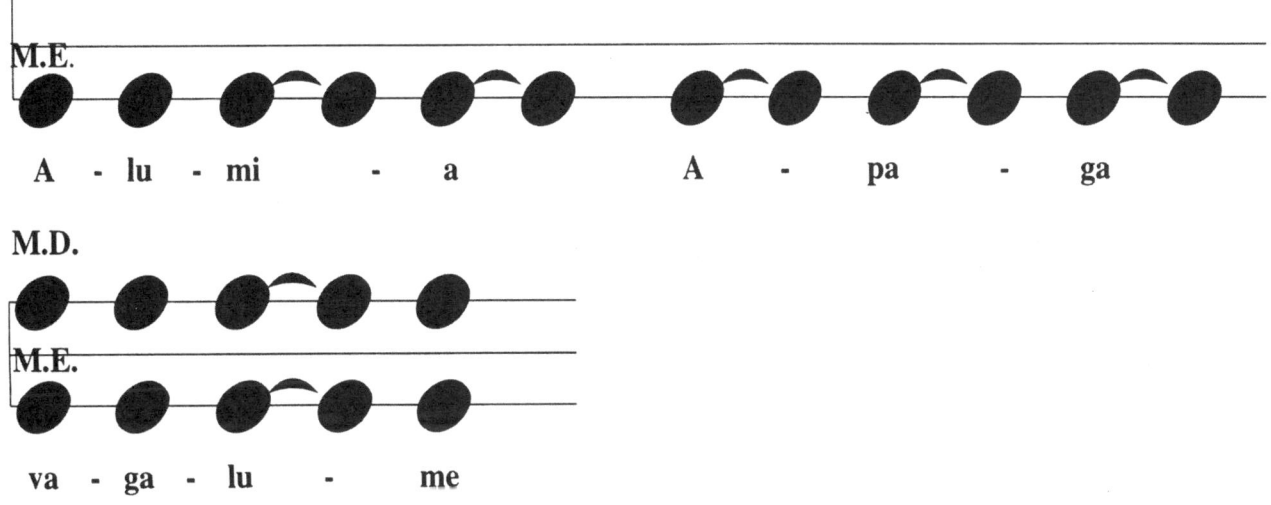

# Alternando as mãos

Toque alternando grave, médio e agudo, conforme escrito.

**1)**

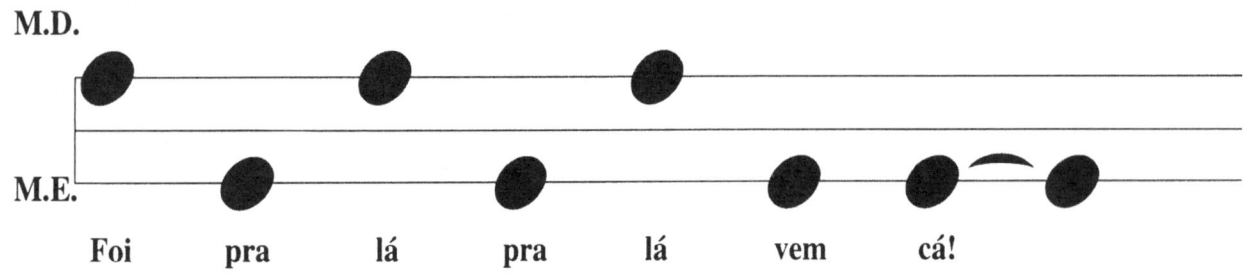

**2)**

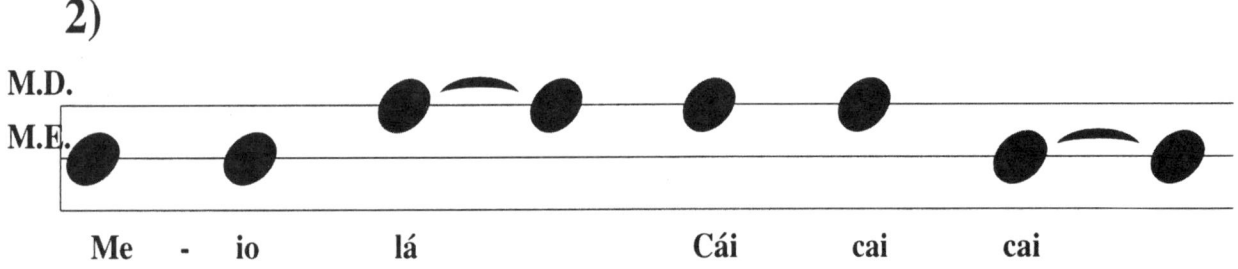

**3)**

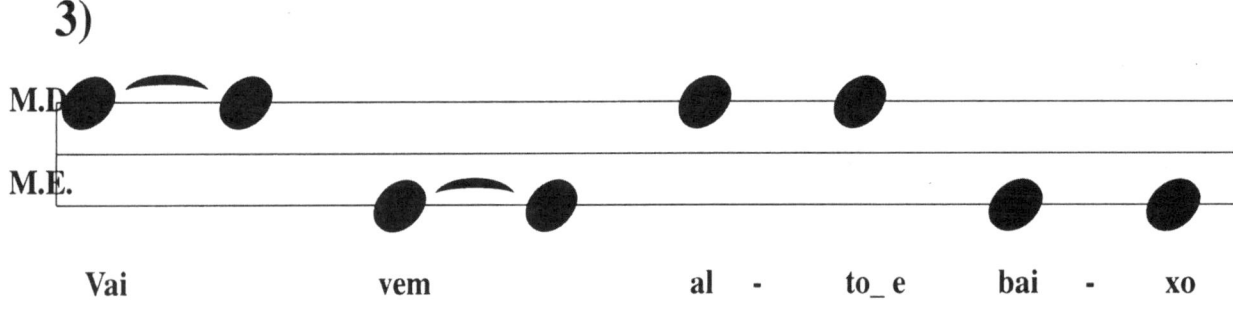

**4)**

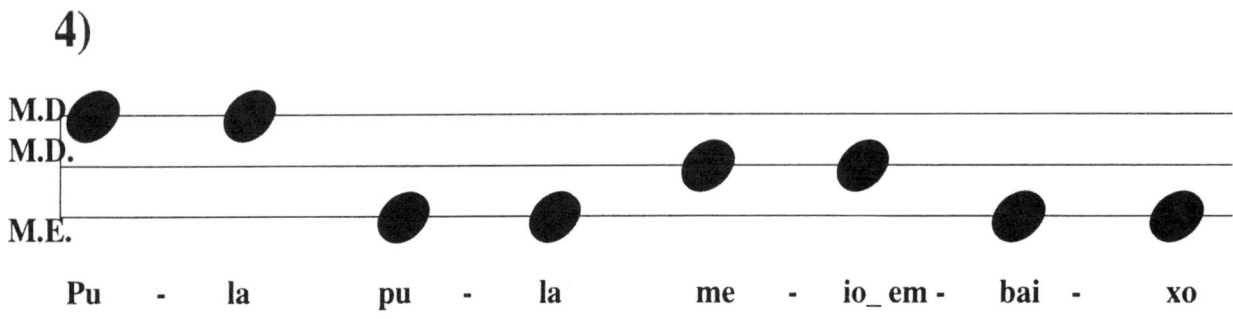

# Subindo e descendo

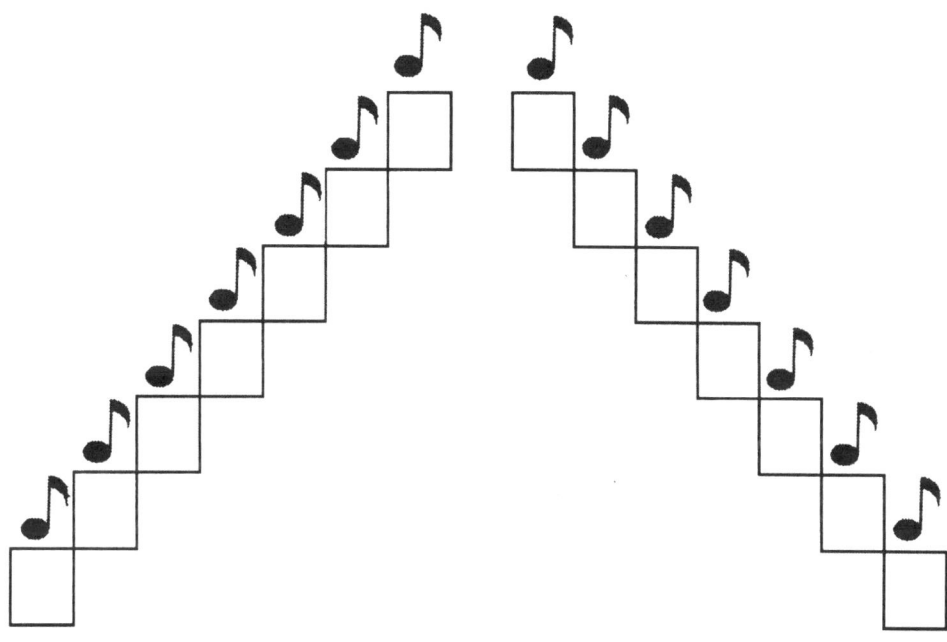

Lembrem-se de que quando caminhamos para o agudo estamos subindo e quando caminhamos para o grave estamos descendo:
Portanto, cada um vai criar uma música subindo em direção ao agudo. (8 notas)
E agora uma descendo em direção à região grave: (8 notas)
Invente uma letra (verso) para cada música. (ajudar na criação dos versinhos)

**Exemplo subindo: vou subindo a escadinha**
**Exemplo descendo: vou descendo até o chão.**

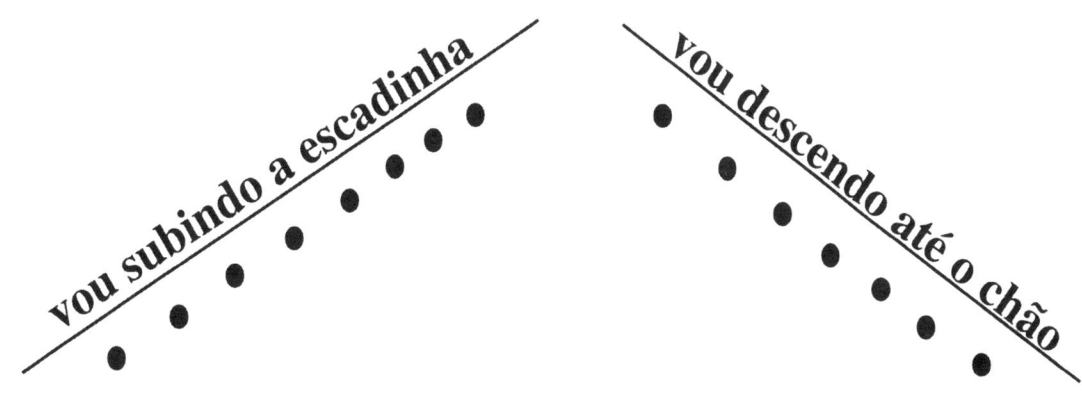

Espaço para você criar, ilustrar e escrever suas músicas:

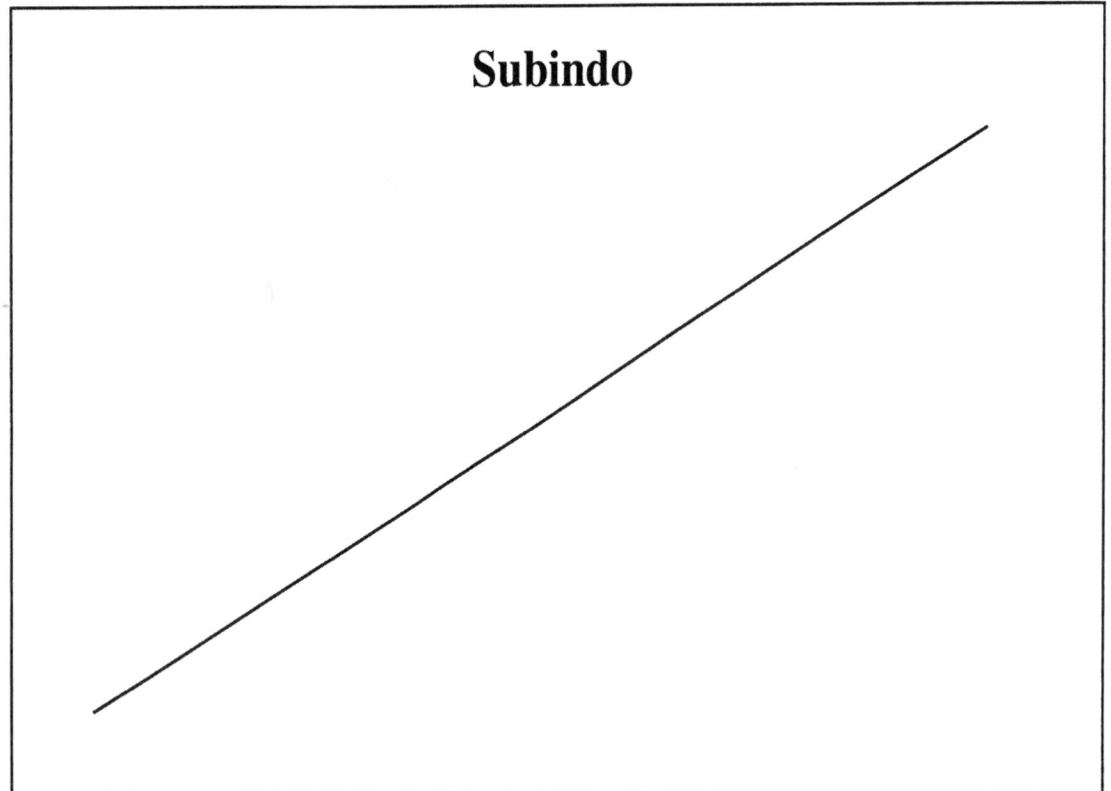

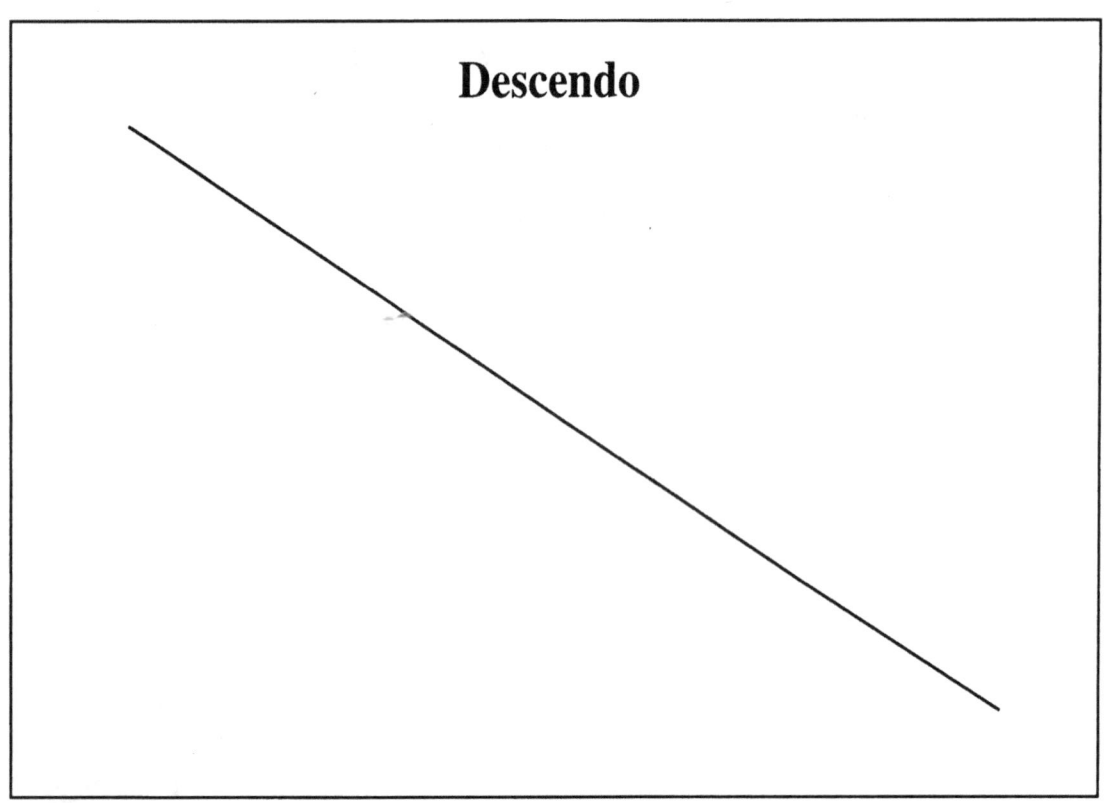

Espaço para você criar, ilustrar e escrever suas músicas:

# O andamento
## lento e ligeiro

O avião voa em andamento ligeiro
A vaquinha anda em andamento?............
E você, fala com ritmo lento ou ligeiro?................
A mosca, que não é boba nem nada, vôa também?...............
E a formiguinha? ...........................

**Agora vamos bater palmas lento e ligeiro:**

(Professor(a) pede a cada aluno separadamente que bata palmas em andamento lento e depois em andamento ligeiro. Em seguida pede para o aluno fazer o mesmo nos teclados, ou seja: tocar notas separadas em andamento lento e em andamento ligeiro.)

## Respondendo:

**E agora, estou tocando em andamento lento ou ligeiro?**

(Professor(a) toca no piano ou teclado trechos musicais perguntando a cada aluno se está em andamento lento ou ligeiro.)

**Marque com um X**

|    | Lento | Ligeiro |
|----|-------|---------|
| 1) | ☐ | ☐ |
| 2) | ☐ | ☐ |
| 3) | ☐ | ☐ |
| 4) | ☐ | ☐ |

# O Riacho

(adaptação para um conto de Hardy Guedes A. Filho)

(professor(a) conta história utilizando inclusive o ritmo escrito)

*A cada curva, o riacho vai requebrando faceiro, às vezes lento, Bolero, às vezes Samba, ligeiro, ou salta alegre nas pedras, pulando no Frevo:*

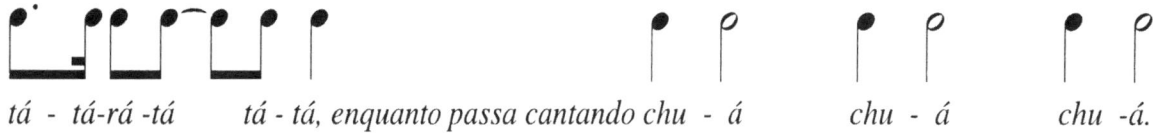

tá - tá-rá -tá      tá - tá, enquanto passa cantando chu - á      chu - á      chu -á.

(aluno colore o desenho para a pequena história acima)

# Maria-Fumaça

(adaptação para um conto de Bernardino)

(professor(a), ao piano, conta história ilustrando com música escrita)

*acelerando pouco a pouco*

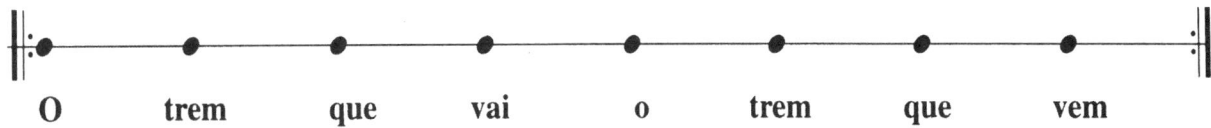

O trem que vai o trem que vem

E o trem sai correndo em cima dos trilhos:
os ferros batendo, fazendo estribilho:

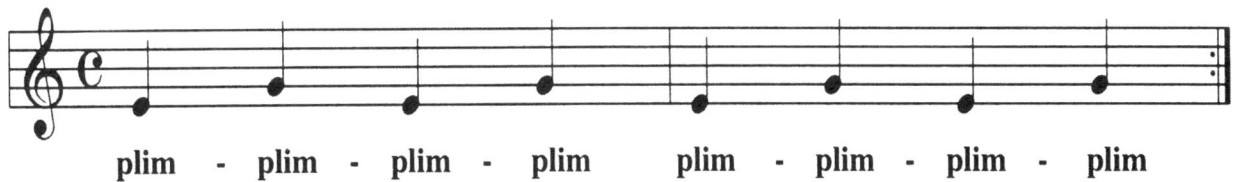

plim - plim - plim - plim    plim - plim - plim - plim

E o trem não se cansa, parece criança,
correndo, pulando, batendo, apitando:

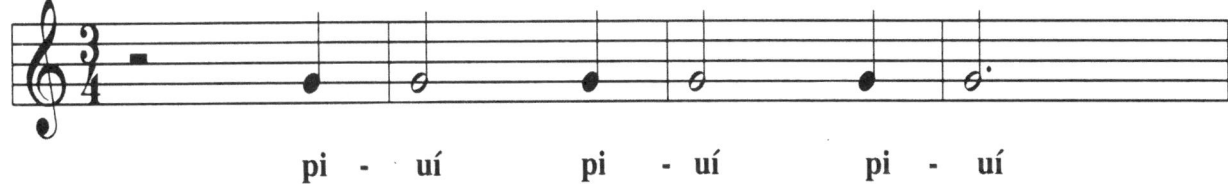

pi - uí    pi - uí    pi - uí

E o trem vai chegando parando, parando
os ferros batendo todo mundo esperando
com muita alegria

**Fazendo o trem parar**

*diminuindo pouco a pouco*

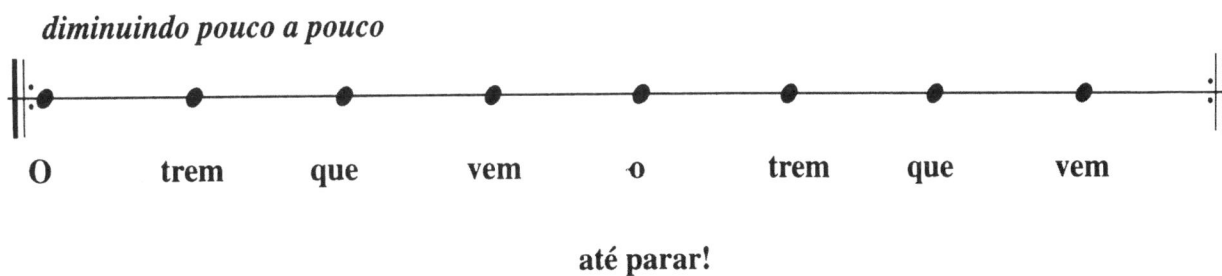

O trem que vem o trem que vem

**até parar!**

# Acelerando e diminuindo o andamento

Você já reparou que o trem aumenta e também diminui a velocidade. O mesmo acontece com o automóvel. E por que não podemos fazer o mesmo com a música?

Portanto primeiramente vamos para o teclado;

**Ligue o teclado e escolha um rítmo. Agora acelere o andamento. Vá até a velocidade máxima. Depois, vá diminuindo o andamento até ficar bem lento.** (o professor deve fazer esta experiência com vários alunos)

Agora vamos tocar uma mesma nota no piano ou no teclado, acelerando aos pouquinhos:

Faça o contrário: Agora toque diminuindo aos poucos o andamento.
Vamos ver como isso pode ser representado na escrita musical:

**acelerando**

**diminuindo**

Vou tocar uma música e vocês vão dizer se estou acelerando ou diminuindo o andamento. (professor toca)

**Resposta:**............................

Agora, diga se estou indo para o agudo ou para o grave.
(professor toca três exemplos)

**Respostas:**

1).................................

2).................................

3).................................

# Recordando

Qual é a linha do agudo: a de cima, a do meio ou a de baixo?
Qual é a linha do médio?
E qual é a linha do grave?

Quantos tempos representa uma pretinha? ●

Quanto tempo representa duas bolinhas pretas ligadas uma a outra?

**Responda se estamos acelerando ou diminuindo o andamento:**

1) Professor toca de uma maneira, acelerando ou diminuindo o andamento.
(aluno responde)

2) Professor toca de uma maneira, acelerando ou diminuindo o andamento.
(aluno responde)

Nas cordas grossas do piano tocamos os sons?.........
Nas cordas finas tocamos os sons?......
E nas cordas médias? ............

E no teclado eletrônico?
Disparamos o ritmo com a tecla? .............
Podemos também acelerar o andamento no teclado?
Como você escolhe os timbres no teclado?

Mostrem a tecla para se gravar no teclado.
(um a um, os alunos mostram no teclado qual é o botão que se aperta para gravar)

**Repertório por imitação:**

*1) Palitinhos 2*
*2) Bate, Bate o Ferreiro*

# O Som Maneiro de Juliana e Pedro

*Juliana vai para o seu teclado*

*Juliana ouve o som do piano*

*Juliana ouve o som dos metais*

*Juliana ouve o som da flauta*


*Pedro corre para o outro teclado*

*Aperta o botão e ouve o ritmo do Rock*

*Rock 1, Rock 2, Rock 3, Rock 1000*

*Pedro ouve o som do sintetizador digital*

*Pedro ouve o som da celeste*


*Juliana descobre mais um som*

*Pedro acelera o andamento*

*- Tá rápido prá mim! - disse Juliana.*

*Pedro diminui. - Agora sim!*


*Juliana e Pedro fazem um som contagiante e maneiríssimo com ritmos e sons.*

**Crie você e seus amiguinhos agora um som bem maneiro!**

# Brincando no teclado
## o acompanhamento automático

| auto chord |

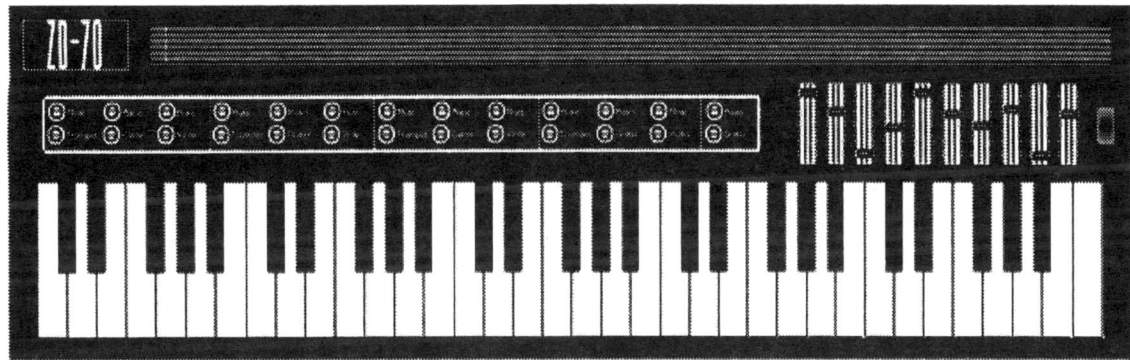

Agora vamos ligar o teclado. Coloquem a chave que ligou o teclado em **auto-chord**. Disparem o ritmo de que vocês gostarem, seja ele Rock, Swing, Blues ou Bossa Nova. Experimentem vários!
(um a um, o aluno vai experimentando)
Vamos tocar com um dedinho da mão esquerda na região grave. Toque cada nota por um tempo.
Experimentem com outros sons (timbres). (o professor ou um colega pode ir mudando de quando em vez os timbres do teclado) Ouçam como cada timbre e cada ritmo produz um acompanhamento diferente. Mas isso é só no teclado e para aqueles que ainda não sabem tocar bem o piano e o teclado. Pois quando vocês já souberem tocar bem não precisarão de acompanhamento automático. Vocês vão criar todo o arranjo e sua orquestra.

# A escada das teclas pretas

sobe

desce

## Desenhe

uma escada que sobe:

uma escada que desce:

comece aqui

comece aqui

# Brincando com as teclas pretas

Deslizem com a palma da sua mão pelo teclado inteiro só nas teclas pretas do grave para o agudo e, depois, do agudo para o grave. Perceba que efeito sonoro interessante vocês conseguiram!

Como podemos notar, as teclas pretas aparecem em grupos de duas e em grupos de três.

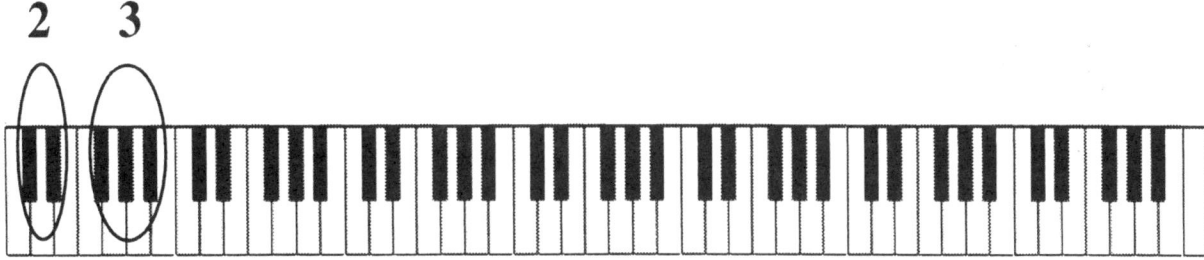

Façam um círculo em volta de cada grupo de duas teclas pretas:

Façam um círculo em volta de cada grupo de três notas pretas:

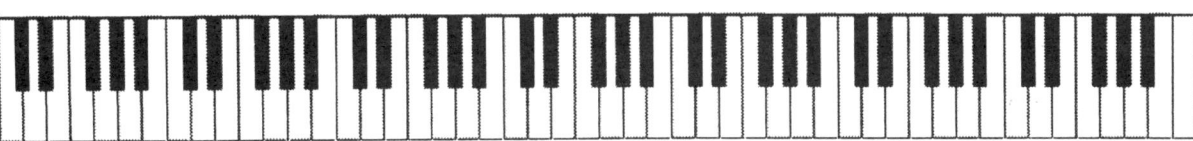

# O Rouxinol (de Andersen)
# Parte 3

*E disse o rouxinol para o Imperador na festa do palácio:*
*- Minhas canções soam melhor no bosque, mas se é uma vontade de Sua Majestade...*
*E foram todos para o palácio.*
*O Imperador preparou um poleiro de ouro para o convidado. (Quem sabe o que é um poleiro?)*
*Toda a corte estava presente e saudou o rouxinol que se pôs a cantar.*
*Cantou tão deliciosamente que emocionou o Imperador, alegrando seu coração.*
*- O maior prêmio para mim foi emocionar o Imperador - disse o rouxinol. As lágrimas de um rei têm um poder especial.*
*E continuou cantando lindamente deixando todos muito felizes.*
*Ficou decidido que o rouxinol ficaria numa gaiola dourada, com permissão para sair a passeio duas vezes por dia e uma à noite.*

# Músicas nas teclas pretas

Uma das músicas mais famosas e que foram criadas para as teclas pretas chama-se *O Bife*.

(professor ensina *O Bife* por imitação: parte que se toca com os punhos fechados e parte que é tocada somente nas teclas pretas)

**Parte para o professor:**

## músicas nas duas teclas pretas

Vocês repararam que tocando *O Bife*, subimos e descendo várias vezes?

Vamos tocar outras músicas nas teclas pretas e que também podem ser tocadas nas teclas brancas:

## Berimbau

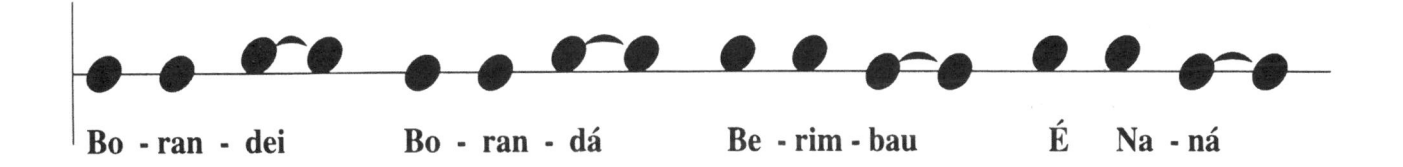

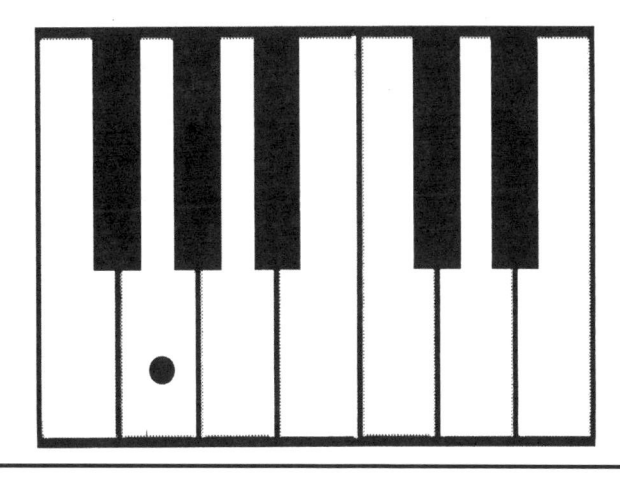

Bo - ran - dei   Bo - ran - dá   Be - rim - bau   É   Na - ná

Toque a música acima começando também com a tecla marcada.

## Lê - lê - lê (folclore)

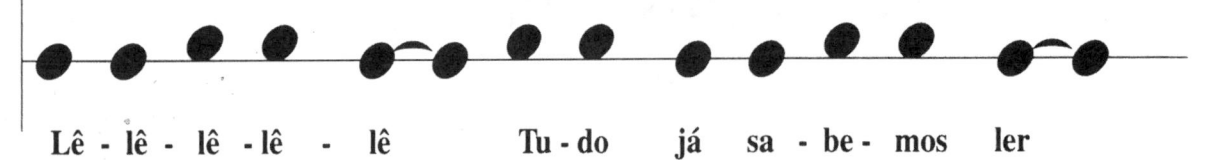

Lê - lê - lê - lê - lê　　Tu - do　já　sa - be - mos　ler

Toque a música acima começando também com a tecla marcada.

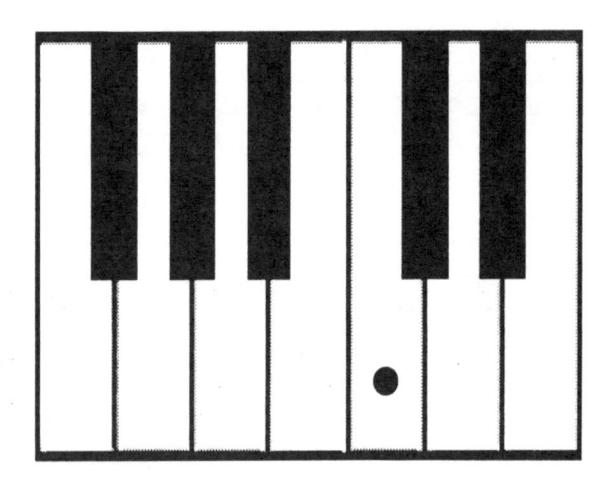

**músicas nas três teclas pretas**

## Pão Quentinho (folclore)

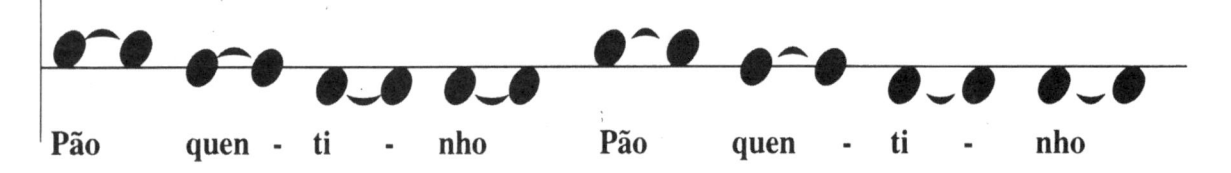

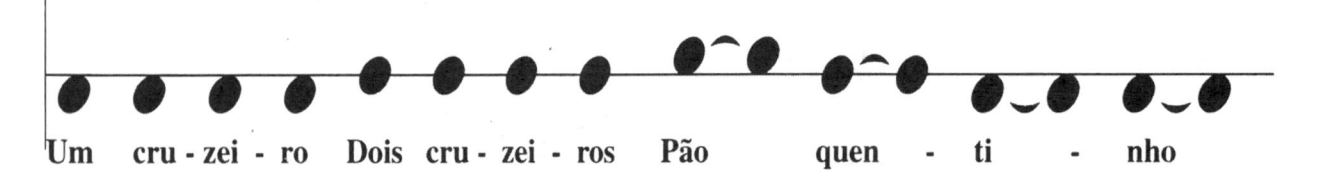

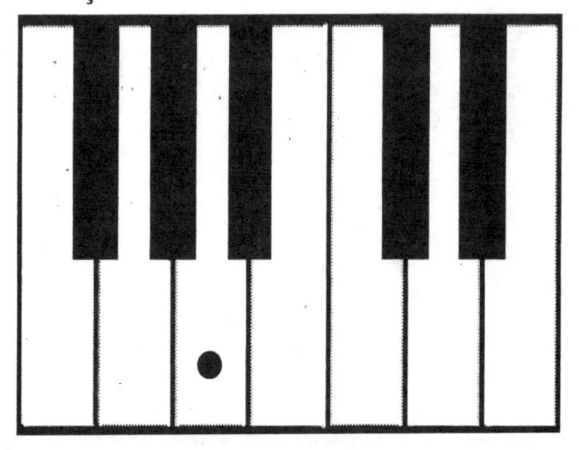

Pão　quen - ti - nho　　Pão　quen - ti - nho

Um cru - zei - ro　Dois cru - zei - ros　Pão　quen - ti - nho

Toque a música acima começando também com a tecla marcada.

# Lá-lá-iá

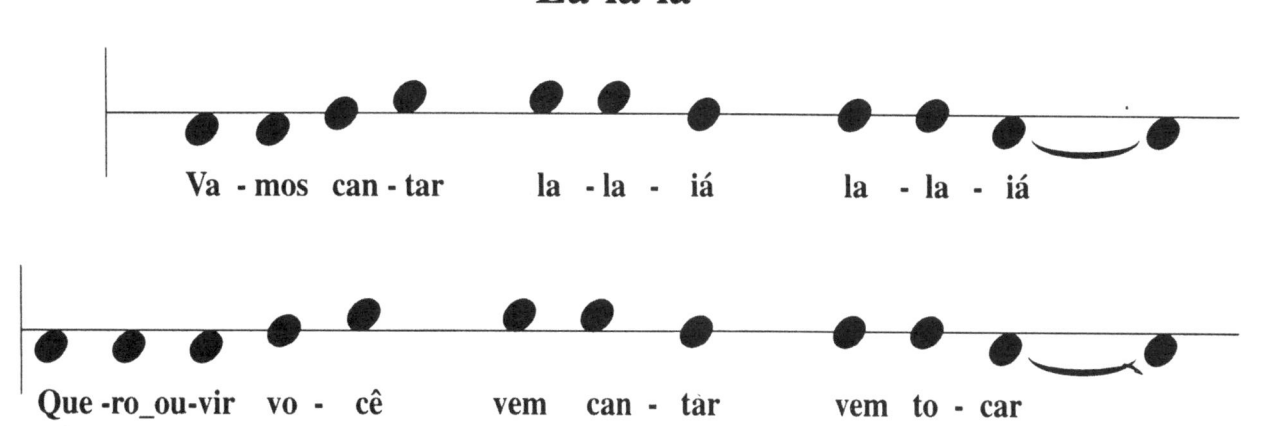

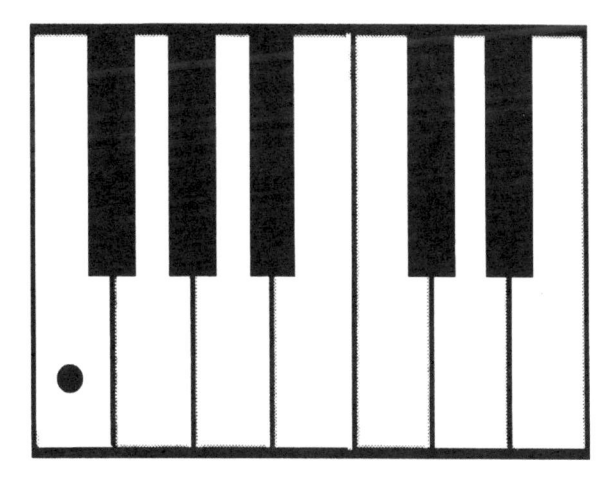

Va - mos can - tar    la - la - iá    la - la - iá

Que -ro_ou-vir  vo - cê    vem can - tar    vem to - car

Toque a música acima começando também com a tecla marcada.

# Chicotinho Queimado (folclore)

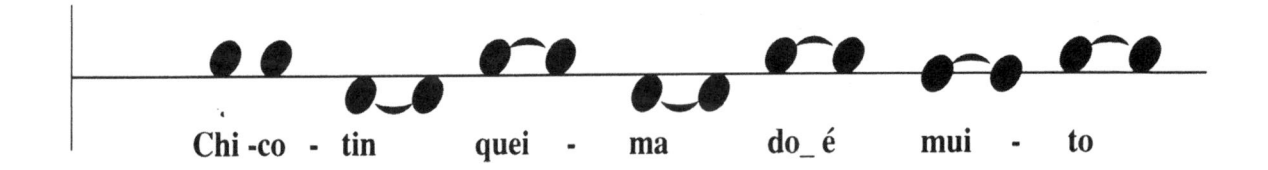

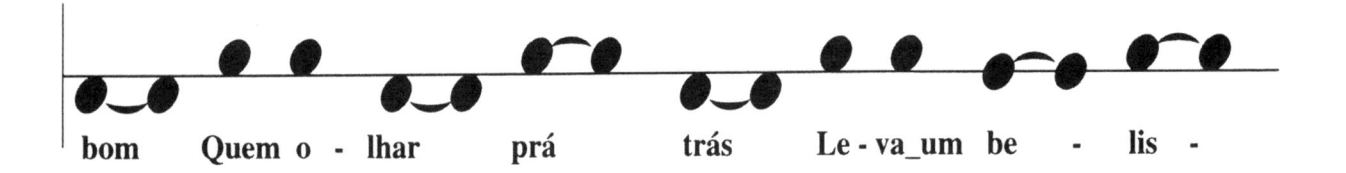

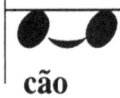

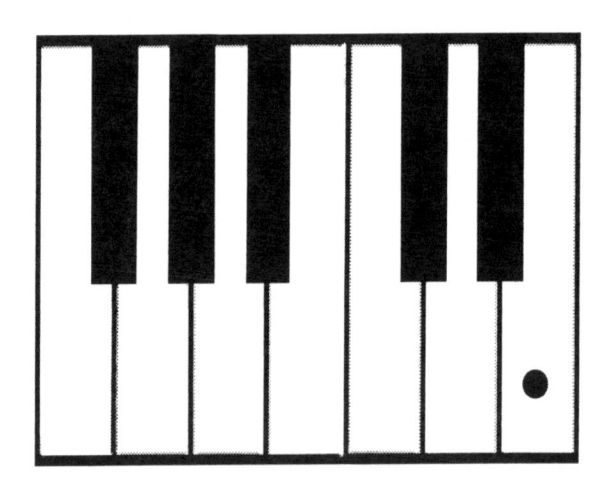

Chi -co - tin quei - ma do_é mui - to

bom Quem o - lhar prá trás Le - va_um be - lis -

cão

Toque a música acima começando também com a tecla marcada.

# Passarinho
### de Hardy G. A. Filho

*Um breve vôo,*
*um pulinho,*
*do ninho pro galho,*
*assim dança o passarinho,*
*ao som da flauta doce,*
*da doce sinfonia,*
*que ele mesmo compõe,*
*que ele mesmo assovia...*

Componha você mesmo uma música e escolha um som para tocar: pode ser de flauta doce *(recorder)* ou o som de outro instrumento que você preferir.

Pode ser improvisado, cantado ou tocado. Também pode ser acompanhado de um desenho bem bonito ou de um versinho que você escrever ou disser.
**Crie a sua música!**

## Espaço para escrever, ou desenhar a sua composição

# A mão e seus dedinhos

Vamos criar um versinho como o que vem a seguir?

*cada mão tem seus dedinhos*
*dedo um, dedo dois*
*dedo três e dedo quatro*
*dedo cinco?*
*quem souber conte um versinho:*

*dedo um, pequenininho*
*dedo dois é dedo duro*
*dedo três, maior de todos*
*dedo quatro é meio chato*
*dedo cinco é meu mindinho*

Crie o seu versinho:

Vamos desenhar cada uma das mãos e numerar cada dedinho.
(professor mostra como moldar e depois numerar os dedinhos)

mão esquerda

mão direita

# Conhecendo as teclas brancas

Como podemos notar, existem teclas brancas entre as pretas.

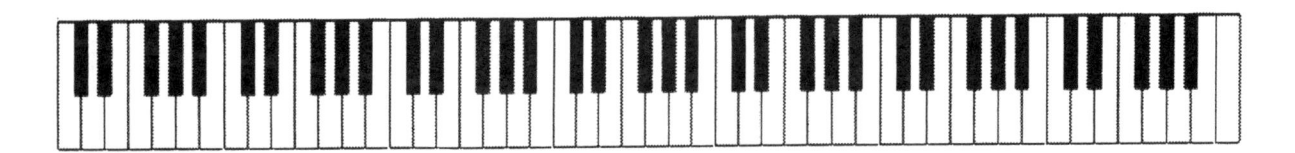

Faça um círculo em cada grupo de duas teclas pretas.

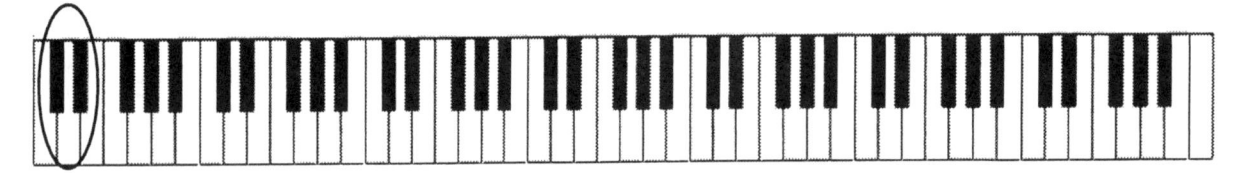

Marque com X cada tecla branca que fica sozinha entre duas teclas pretas.

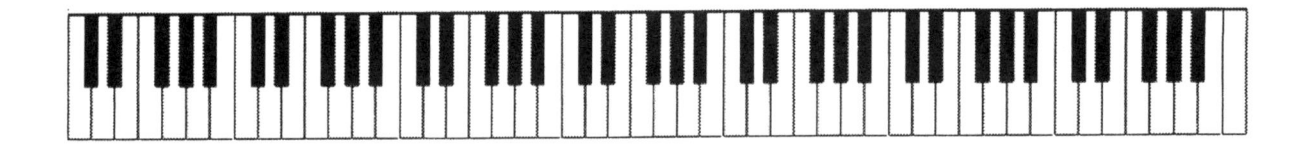

## Vamos tocar todo *O Bife*?

(professor ensina *O Bife* parte dois - a que passa também por teclas brancas - e parte três)

Acompanhamento para o professor:

Agora vamos tocar toda a música. (professor acompanha os alunos dizendo qual é a parte 1, parte 2 e parte 3) E assim todos tocam *O Bife* usando somente o indicador. (Professor avisa aos alunos que estes estão usando o dedo 2 - indicador).

# Marque as teclas brancas

Marque com um X a tecla branca que fica bem no meio das duas teclas pretas.

Marque com um X a tecla branca que fica do lado esquerdo do grupo de duas teclas pretas.

Marque com um X a tecla branca que fica do lado direito do grupo de duas teclas pretas.

Marque com X as duas teclas brancas que ficam dentro do grupo de três teclas pretas

Marque com um X a tecla branca que fica à esquerda do grupo de três notas pretas.

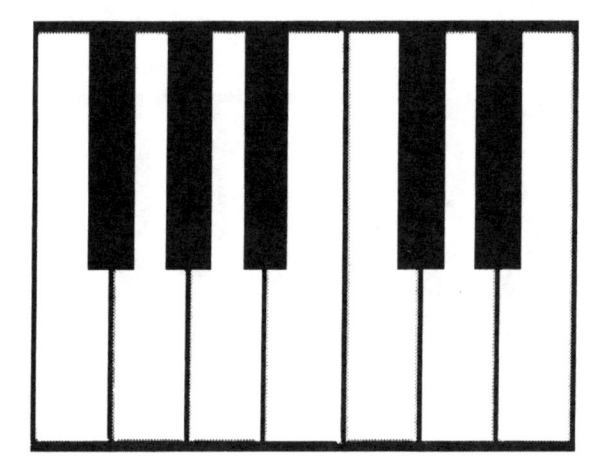

Marque com um X a tecla branca que fica à direita do grupo de três notas pretas.

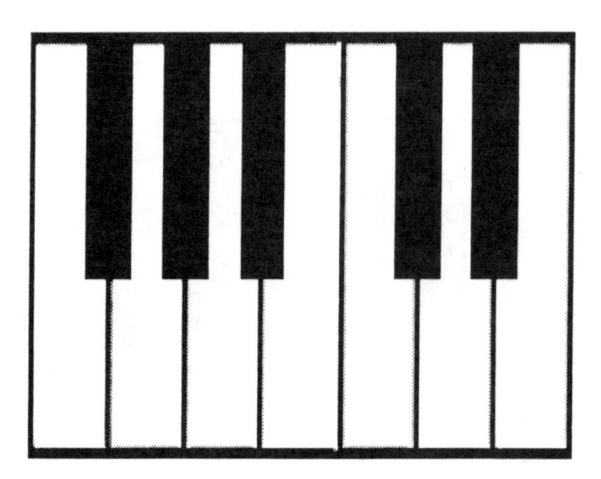

# O Rouxinol (de Andersen)
# Parte 4

**Professor(a):**
Vocês se lembram do rouxinol?
O que aconteceu quando ele cantou para o Imperador?

Vamos continuar essa história maravilhosa:

*Um belo dia, o Imperador recebeu um grande pacote e nele estava escrito ROUXINOL. Pensou tratar-se de um livro, mas não era: apenas um rouxinol artificial numa gaiola, coberto de pedras preciosas. E cantava. Cantava, quando lhe davam corda, uma das canções do rouxinol verdadeiro, levantando e abaixando a cauda coberta de ouro e prata.*
*Todos na corte se apaixonaram pelo rouxinol artificial e propuseram um duelo entre os dois rouxinóis. Vocês sabem o que é um duelo? (Professor(a) deverá explicar).*
*E o rouxinol artificial repetia sempre o mesmo canto sem se cansar, encantando a todos.*

# Conhecendo a nota Dó

Quem sabe onde fica o Dó?

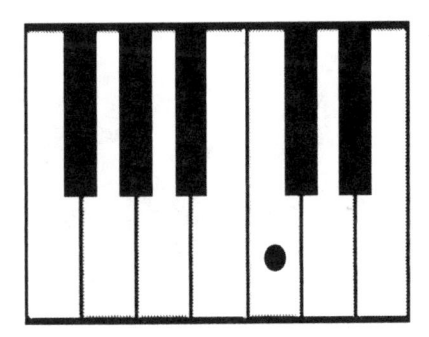

(professor(a) mostra no teclado aonde fica situado o Dó)

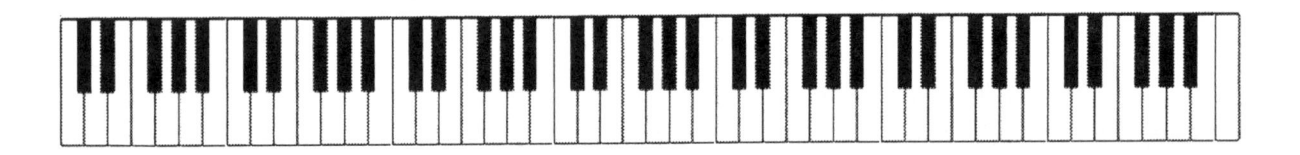

Marque com um X todas as notas Dó que você encontrou no teclado acima.

Mostre no piano todas as notas Dó que você encontrar.
Quantos Dós tem o piano?
Quantos Dós tem o teclado eletrônico?
Vocês já contaram quantos Dós tem o seu teclado? Aquele que vocês têm em casa? Então me digam na próxima aula.

Toque a música a seguir com o polegar da mão direita.

## A Música do Dó

Ai  tem  dó     mi - nha_a - vó     eu  já  sei  to  car  o  dó

Toque a música acima com o polegar (dedo 1) da mão esquerda.

# Usando os dedinhos nas teclas pretas
## Faz Sol Lá

*(sheet music)*

Faz sol lá faz sol lá faz sol lá vou to-car es-sas te-clas bem pre-ti-nhas mas é só pra te mos-trar Faz sol

Usando primeiramente a mão direita, com os dedinhos 2, 3 e 4 vamos tocando sem parar. (professor mostra os dedos 2, 3 e 4). Vamos mostrar o dedinho 2? Lembram-se do dedo duro?
E agora, cadê o dedão? É esse aí o dedo 3.
E o dedo 4 muito chato? Quem vai mostrar o dedo 4?
Vamos formar arquinhos com os dedinhos pra poder tocar melhor.

Primeiro vamos tocar só um pedacinho. Vamos tocar nas três teclas pretinhas.

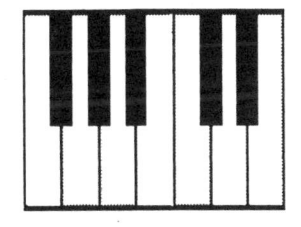

*(imagem de teclado)*

Colocando o dedinho 2 na primeira tecla preta. Lembram da escadinha? A primeira vai ser mais grave. O dedo 3 na tecla do meio e o dedo 4 na tecla mais aguda das três.

M.D. (mão direita)

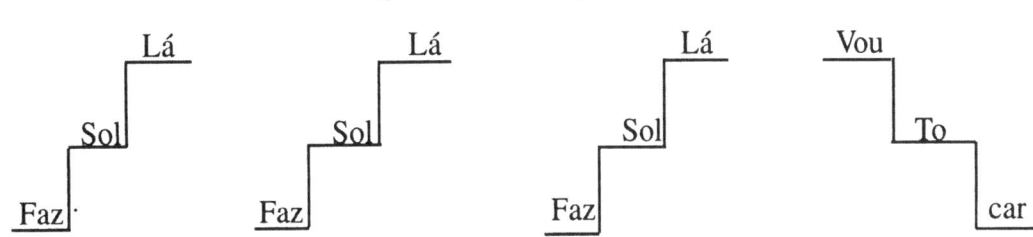

(professor acompanha)

*(diagrama em escadinha: Faz-Sol-Lá, Faz-Sol-Lá, Faz-Sol-Lá, Vou-To-car)*

Agora vamos tocar com a mão esquerda: dedo 4 na tecla preta mais grave, dedo 3 na tecla preta do meio e dedo 2 na tecla mais aguda. Tocamos um de cada vez. (professor orienta)

# Lendo nas linhas e nos espaços

Vamos ver como escrevemos a música a seguir. Pauta é o conjunto de linhas onde escrevemos as músicas:

Faz sol lá     faz sol lá     faz sol lá     vou to - car

Toquemos novamente a música, primeiramente com a mão direita. Em seguida com a esquerda. Vamos tentar tocar com as duas mãos ao mesmo tempo?

(professor ensina o final da música por imitação.)

**Repertório por imitação:**
*1) Capelinha de Melão*
*2) London Bridge*
*3) Marcha Soldado*
*4) Ten Little Indians*

(professor (a) deverá consultar repertório por imitação no final da parte 1 do livro)

# Onde se escreve o Dó?

Vocês se lembram do Dó?

Existem muitos Dós pelo teclado. Mas vamos falar do Dó central: aquêle que fica bem no centro do teclado e se escreve...assim:

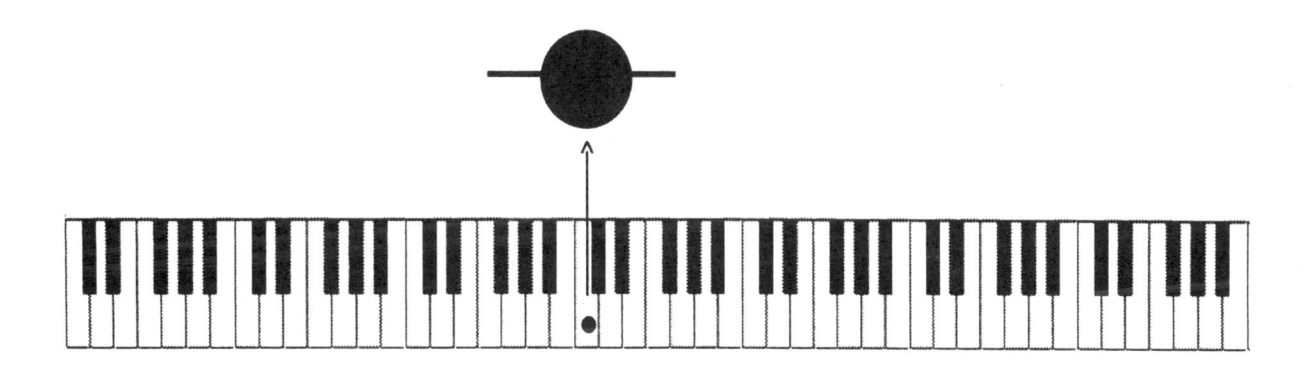

*Parece um planeta? Parece um robô? Parece como quê? Mas é o Dó central.*

Toque no piano o Dó Central. Toque várias vezes.

Vamos inventar uma música para ele. Eu vou escrever o ritmo e vocês vão fazer os versos - a letra.

Eu vou inventar uma e cada um de vocês vai inventar uma diferente. Tá?

Eis a minha letra para o Dó:

*Dó, Dó, Dó, faz um nó*

Faça a sua, eu começo e você continua: procure rimar. (professor explica o que é rima)

*Dó, Dó, Dó, ....................................*


(cada aluno cria um versinho para a nota Dó)

# Os valores de um e de dois tempos

Vocês se lembram que a gente escrevia até agora para notas curtas assim: ●

E para notas longas? Assim: ●—●

Agora vamos aprender que a nota curta, que vale uma batida de tempo, será assim: ♩

Senhoras e senhores, apresento-lhes a srta. Semínima, também conhecida como "pretinha".

Vou lhes apresentar a nota um pouco mais longa, que vale duas batidas de tempo: ♩

Senhoras e senhores, acabo de lhes apresentar a srta. Mínima, também conhecida como "branquinha".

Depois tem mais gente que vai aparecer em nossa viagem pelo mundo da música, como por exemplo a "gordinha". Mas deixemos para mais tarde.

**Vamos desenhar?**

Desenhe algumas semínimas, ou melhor, algumas "pretinhas". Não se esqueça do tracinho.

**Desenhe dentro da caixinha:**

Agora vamos desenhar a mínima. Faça várias "branquinhas" e não se esqueça do tracinho pra cima:

**Desenhe dentro da caixinha:**

♩ ♩ ♩ ♩ ♩ ♩ ♩ ♩
/ / / / / / / /
ta ta a ta a ta ta a

É assim que contamos os tempos das srtas. Mínima e Semínima: dois tempos para a mínima e um tempo para a semínima.

# A Flor e o Vento
## de Hardy G. A. Filho

*Num vai-e-vem ritmado,
a flor realiza o movimento de um bailado orquestrado pelo vento.
Parece a cada compasso que a flor vive indecisa.
Não sabe se abraça a terra, não sabe se voa como a brisa*

Vamos colorir a flor balançando para a esquerda.

Vamos colorir a flor balançando para a direita.

Desenhe cada uma das flores e coloque uma em cada vasinho. Uma do lado da outra.

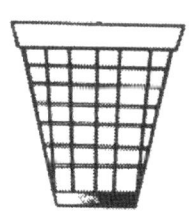

## Vamos contar de dois em dois tempos:

1 -2 | 1 - 2 | 1 - 2 |........continue..

## Vamos contar de três em três tempos:

1 -2 - 3 | 1 - 2 - 3 | 1 - 2 - 3 |........continue..

## Vamos contar de quatro em quatro tempos:

1-2 - 3 - 4 | 1 - 2 - 3 - 4 | 1 - 2 - 3 - 4 |........continue.

# Brincando com o ritmo

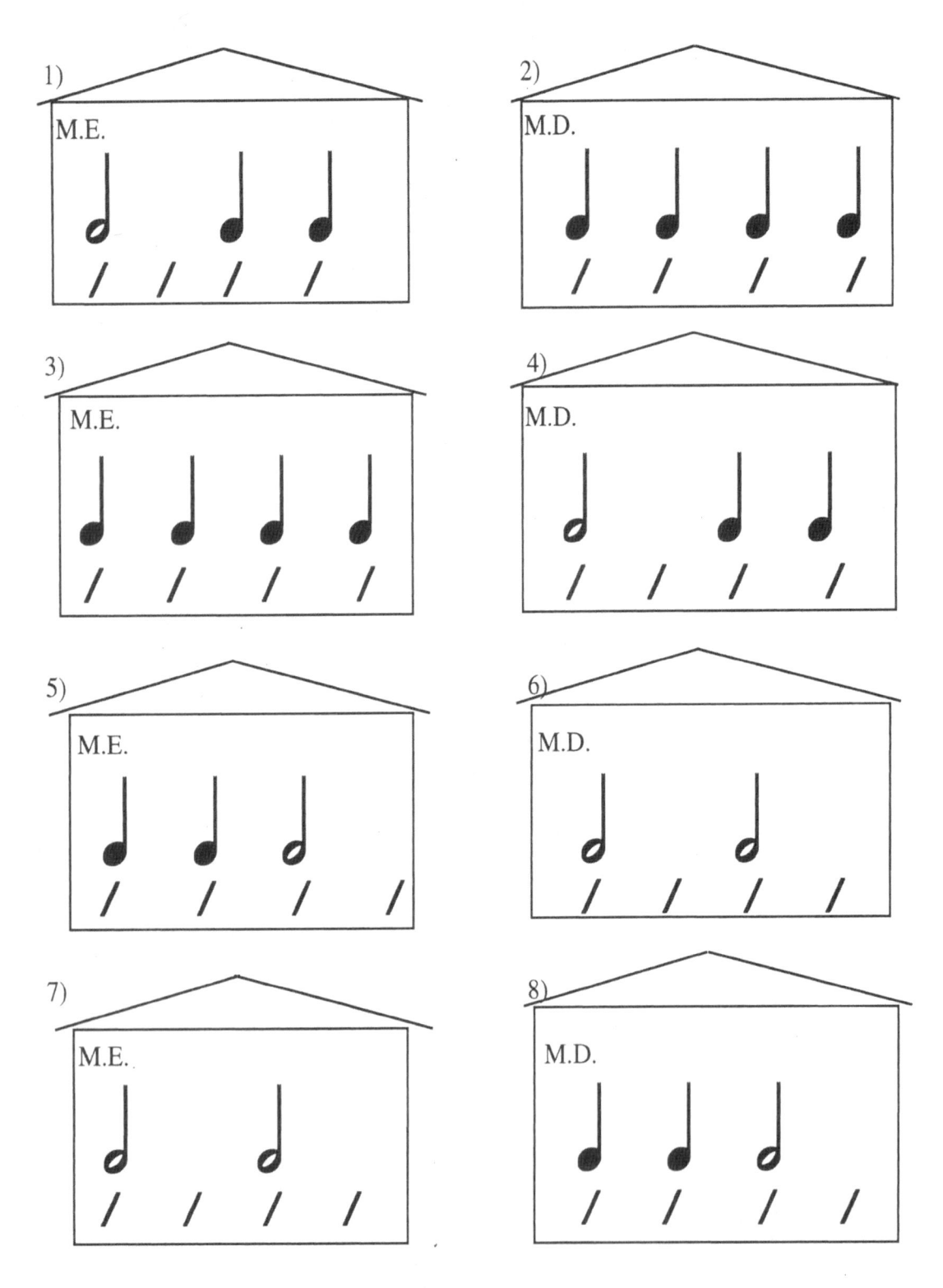

1) M.E. — 𝅗𝅥 ♩ ♩
2) M.D. — ♩ ♩ ♩ ♩
3) M.E. — ♩ ♩ ♩ ♩
4) M.D. — 𝅗𝅥 ♩ ♩
5) M.E. — ♩ ♩ 𝅗𝅥
6) M.D. — 𝅗𝅥 𝅗𝅥
7) M.E. — 𝅗𝅥 𝅗𝅥
8) M.D. — ♩ ♩ 𝅗𝅥

Vamos escolher uma tecla e um dedinho para tocarmos cada casinha dessas acima.
Bata o ritmo com seu pezinho ou com a mão que não estiver tocando o teclado.
Casinha nº 1: toque repetidas vezes com a mão esquerda e com o dedo 2 a nota Ré na região grave.....

# Recortando as casinhas e compondo

Preencha as casinhas abaixo com branquinhas e pretinhas. Cole no papel uma depois da outra. Escolha uma nota para cada casinha. Depois toque a seqüência que você escreveu. Escolha as notas que você preferir. Essa será sua composição (música). Depois invente um nome para sua composição.

Escreva o título da música:

**Título:**..................................................................

Cole aqui embaixo (dentro do quadrado grande) as suas casinhas em seqüência:
Faça a música mais bonita que você puder. Depois invente os versos (letra), se possível.

# Recordando: (vinte perguntinhas para você responder)

Responda a essas perguntas, e, assim, recorde tudo o que você já aprendeu.

1) Os sons graves estão de que lado no teclado?

2) Os sons agudos estão de que lado no teclado?

3) E os sons médios?

4) Subindo pro lado direito, estamos indo para o grave ou para o agudo?

5) E descendo pra esquerda, estamos indo para o? ...........

6) As cordas grossas do piano têm som grave ou agudo?

7) E as cordas finas?

8) O pedal do lado direito, para que serve? Vocês se lembram?

9) As teclas pretas do teclado aparecem em grupos de quantas notas?

10) Quantos grupos de duas teclas pretas tem em seu teclado?

11) Quantos grupos de três teclas pretas tem o seu teclado?

12) Que número damos ao polegar (o dedo pequenininho)?

13) E que número damos ao dedão (o maior de todos)?

14) Ao mindinho, damos o número .......

15) Ao quarto dedo, damos o número.........? Ah! Essa foi muito fácil!

16) E ao indicador, o famoso dedo duro?

17) Quantas notas Dó tem o seu teclado?

18) Escreva o Dó central.

19) Como se chama a nota que vale um tempo? Desenhe aqui do lado:

20) Como se chama a nota que vale dois tempos? Desenhe aqui do lado:

(se o aluno ainda não for alfabetizado, este questionário poderá ser oral)

# Músicas por Imitação

## Palitinhos 1

## Cai, cai, Balão

Cai cai ba-lão Cai-cai ba-lão A-qui-na mi-nha mão Não vou lá Não vou-lá Não vou-lá Te-nho me-do de_a-pa-nhar

## Palitinhos 2

## Bate, Bate o Ferreiro

Ba-te ba-te o fer-rei-ro to-do di-a sem pa-rar Ba-te ba-te o fer-rei-ro to-do di-a sem pa-rar Ba-te ba-te o fer-rei-ro mes-mo_em noi-tes de lu-ar

## Capelinha de Melão

Ca - pe - li - nha de me - lão  É de São Jo - ão  É de cra - vo é de ro - sa_é de man - je - ri - cão  Ca - pe

## London Bridge

Lon - don bri - dge_is fa - lling down fa - lling down fa - lling down Lon - don bri - dge_is fa - lling down fa - lling down

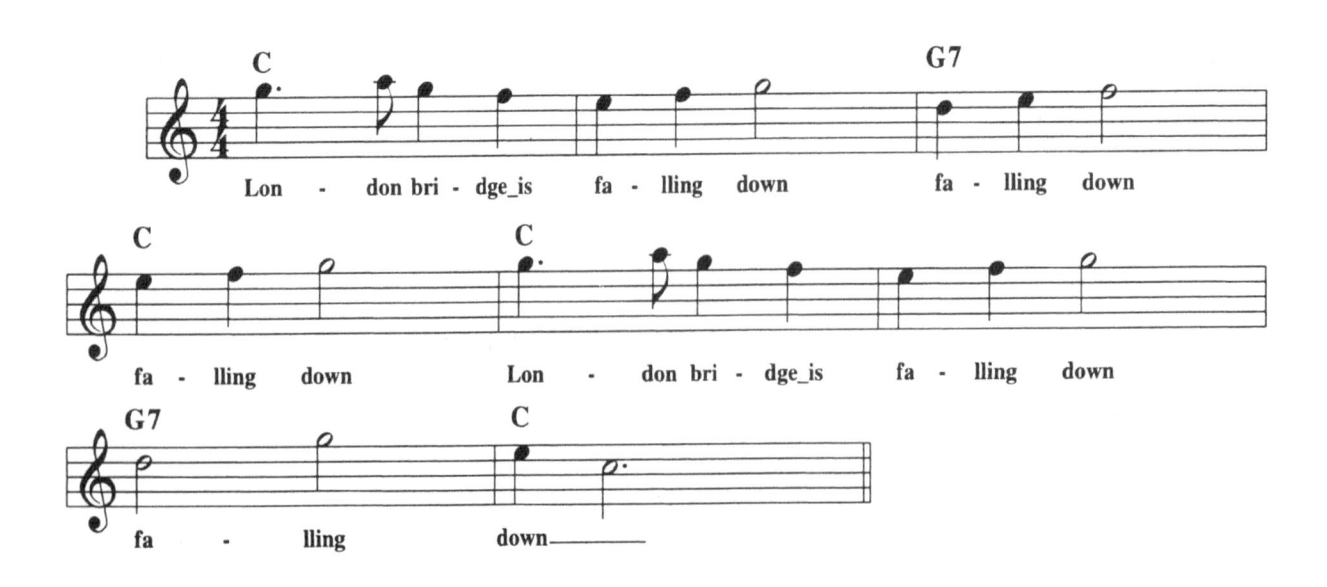

## Marcha, Soldado

Mar - cha sol - da - do ca - be - ça de pa - pel
Se não mar - char di - rei - to vai pre - so pro quar - tel

## Ten Little Indians

One li - ttle two li - ttle three li - ttle in - dians
Four li - ttle five li - ttle six li - ttle in - dians
Se - ven li - ttle eight li - ttle nine li - ttle in - dians
Ten li - ttle in - di - an boys

# PARTE II

# O Rouxinol (de Andersen)
# Parte 5

O que fazia o rouxinol artificial? Você se lembra de como ele cantava?

Continuando a história:

*O Imperador, então, procurou o verdadeiro rouxinol, que havia saído por uma janela aberta de volta ao seu bosque. E todos o consideraram um pássaro ingrato.*

*E continuaram a elogiar o rouxinol artificial dizendo que era muito melhor que o outro, não só porque tinha muitos diamantes, mas também pelo seu interior. E comentavam com o Imperador que já se sabia como seria o seu canto, enquanto que com o verdadeiro, nunca se sabia. Estava sempre improvisando.*

*Podemos abri-lo (o artificial) e ver a obra da inteligência humana, ver como estão dispostas as suas cordas, como elas se movem e como engrenam uma nas outras - disse o Imperador.*

*Todos os cortesãos, mesmo o mestre da orquestra, ficavam tão contentes com o rouxinol artificial que chegavam a gritar:*

*- Oh! Que lindo!*

*Só os pescadores achavam que faltava alguma coisa àquele rouxinol artificial. Os cortesãos chegaram até a chamá-lo de "Imperial Cantor-Mor"...*

*Um ano se passou, e a cada dia gostavam mais do rouxinol artificial.*

# Ditado

**Professor(a):**
  Vou tocar o ritmo de várias casinhas para vocês, e aí vocês vão escrever dentro de cada uma o ritmo que eu toquei. Vão escrever pretinhas e branquinhas na seqüência que eu tocar. Não se esqueça de completar a nota com o tracinho para cima.

  Escreva em cada casinha:

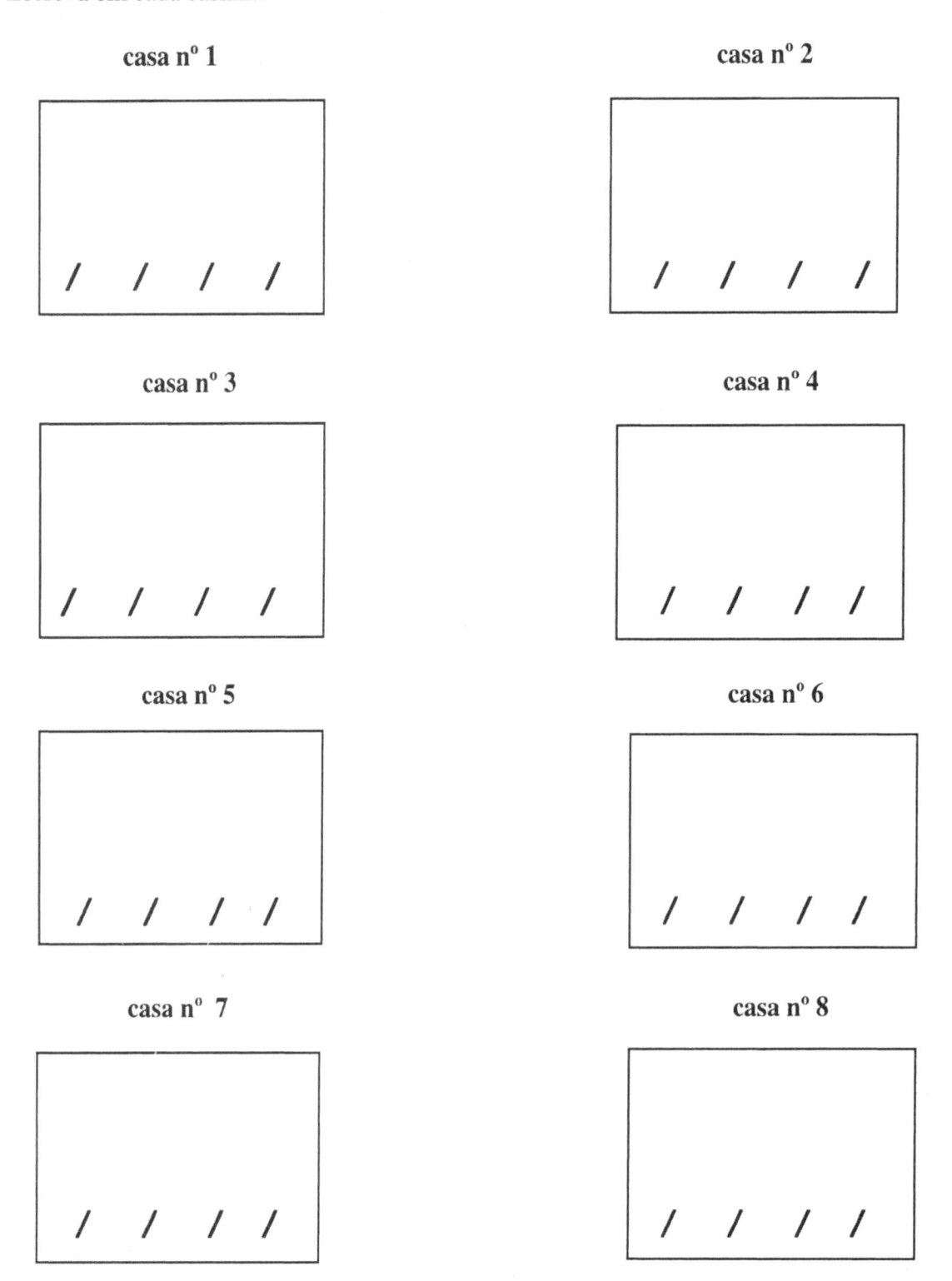

**casa nº 1**

/ / / /

**casa nº 2**

/ / / /

**casa nº 3**

/ / / /

**casa nº 4**

/ / / /

**casa nº 5**

/ / / /

**casa nº 6**

/ / / /

**casa nº 7**

/ / / /

**casa nº 8**

/ / / /

# Tocando músicas nas teclas brancas

**Professor(a):**

Para tanto vamos usar somente três notinhas uma do lado da outra e uma linha para a nota do meio. Depende da nota determinada para começar, Assim:

Pauta dos alunos                                   Pauta real

M.D.

(aluno começa a tocar na tecla escolhida pelo professor)

mão direita

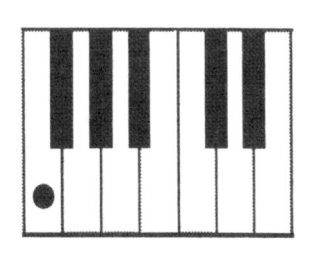

No entanto, o professor poderá escolher outra tecla para início,

2)

M.E.
Aluno                                              Professor

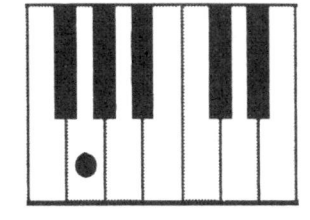

3)

M.E.

Aluno                                           Professor

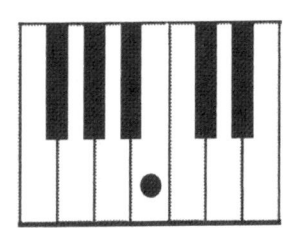

4)

M.D.

Aluno                                           Professor

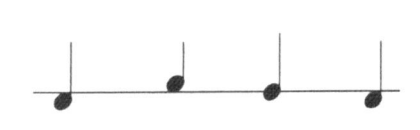

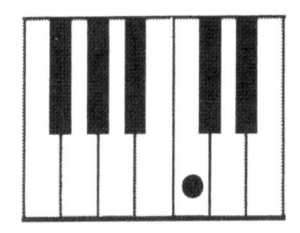

Se estabelecermos a nota que começaremos, bastará ao aluno tocar a seqüência de notas conforme escrita:

(professor dá essas instruções ao aluno para que este possa tocar as músicas que apresentaremos a seguir)

## Música 1: mão direita

comece na tecla marcada

M.D.

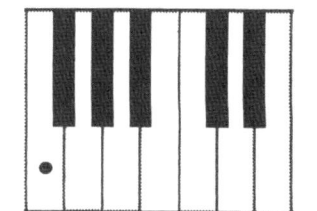

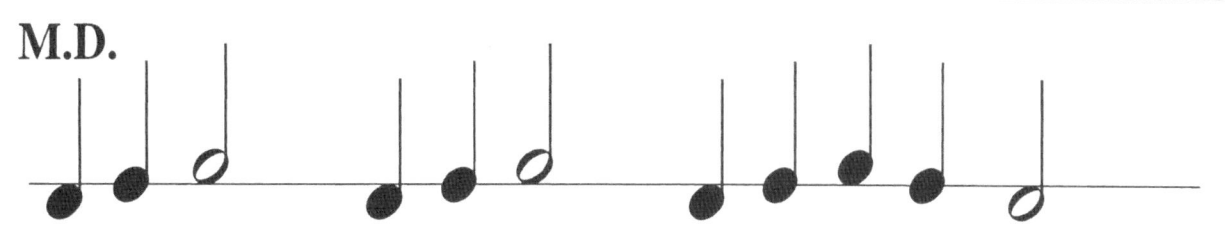

## Música 2: mão esquerda

comece na tecla marcada

M.E.

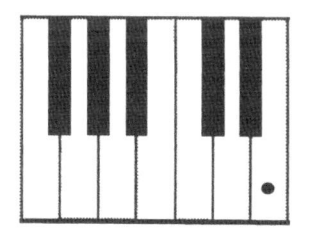

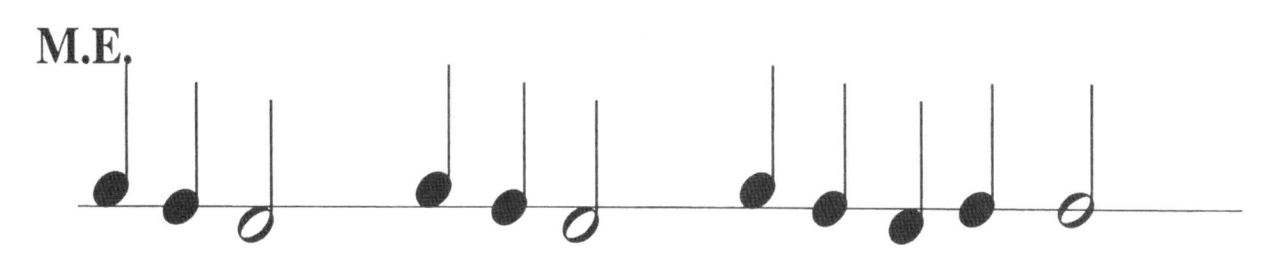

## Música 3: alternando mão esquerda e mão direita

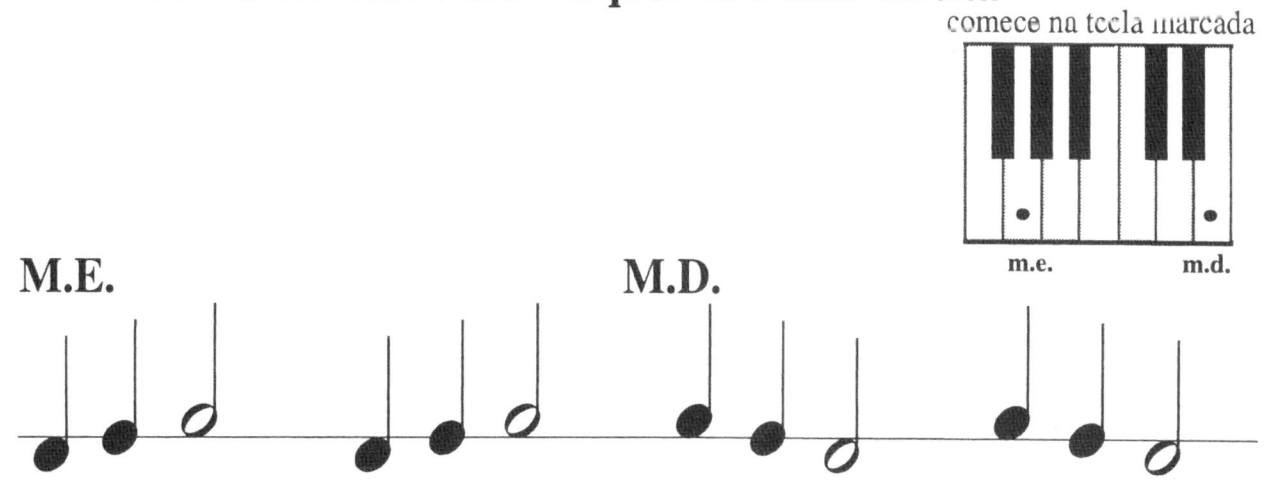

comece na tecla marcada

m.e.   m.d.

M.E.   M.D.

# As casinhas e os compassos

Somente um tracinho é suficiente para separarmos cada casinha que tenha um número igual de tempos. Por exemplo: os tempos abaixo são separados por casinhas de dois tempos cada uma:

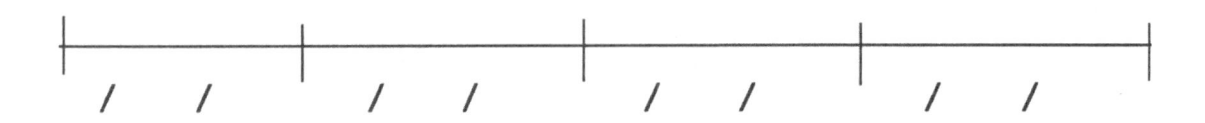

E no final da música colocamos traço (barra) duplo:

Desenhe as barrinhas de compasso de acordo com a contagem de tempos. Não se esqueça de finalizar. (três batidas de tempo por cada compasso)

Invente um ritmo para cada casinha, faça as barrinhas e depois finalize:

(este exercício requer ajuda do(a) professor(a))

1)

2)

# Coração Apaixonado

de Hardy G. A. Filho

*Quem souber que me responda,*
*Sem demora, sem cuidado:*
*Em que compasso dança*
*Um coração apaixonado?*

*O meu, por exemplo,*
*Tem horas que quer saltar boca afora*
*E sair por aí em disparada,*
*Numa emoção incontida, desmedida, maldosada*

*Às vezes o coração*
*Faz a maior batucada!*

# Quantos tempos tem uma casinha?

*tem casa de um*  
*tem casa de dois*  
*tem casa de três*  
*tem casa de quatro*

*tem casa de cinco*  
*tem casa de seis*  
*tem casa de mais*  
*pra que tanta casa?*

*só quero a de dois*  
*a de três e a de quatro*  
*o resto das casas*  
*é só pra depois*

## Vamos preencher as casinhas dos compassos com as notinhas?

Casa de dois: só cabe uma branquinha ou duas pretinhas:

Preencha de forma variada:

Casa de três: só cabe uma branquinha e mais uma pretinha, ou então três pretinhas.
Preencha as casinhas:

Casa de quatro já dá pra mais gente: quatro pretinhas ou duas branquinhas, duas pretinhas mais uma branquinha. Dá até mesmo prá uma gordinha, mas essa gordinha só dá se ficar sozinha:
Preencha as casinhas:

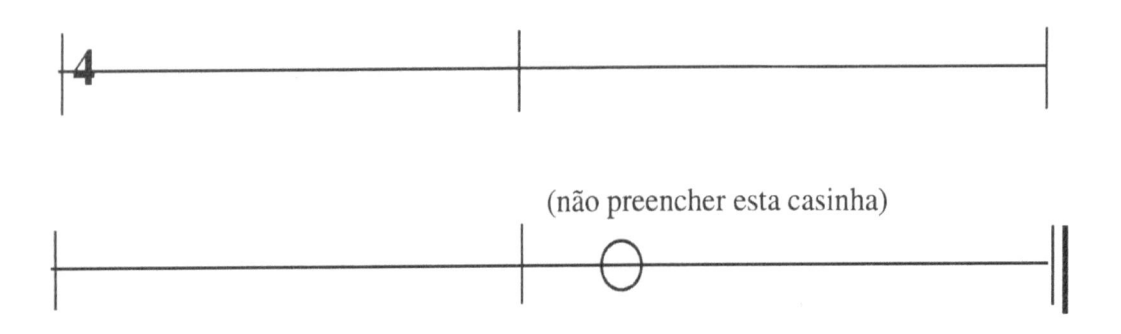

(não preencher esta casinha)

◯ Esta, meus amigos e minhas amigas, é a gordinha (semibreve) e vale quatro batidinhas de tempo!

## Vamos tocar os rítmos que vocês escreveram?

Vocês, nesta brincadeira, já conhecem mais um valor - o de quatro tempos - e que se chama?....................Mas, "gordinha" é só o apelido, pois o nome dela é **semibreve.**

## Recordando

Qual é o verdadeiro nome da pretinha?...............
Qual é o verdadeiro nome da branquinha?.......................
E qual é o verdadeiro nome da gordinha? ......................

# Para recortar:

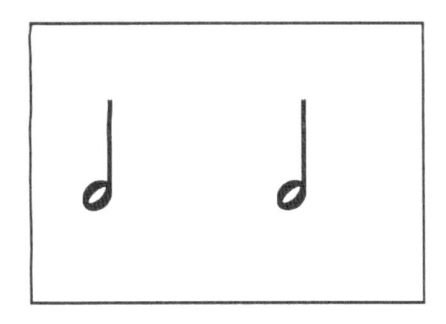

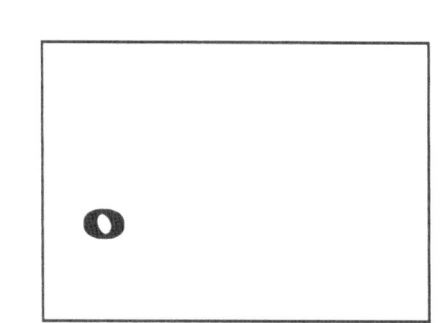

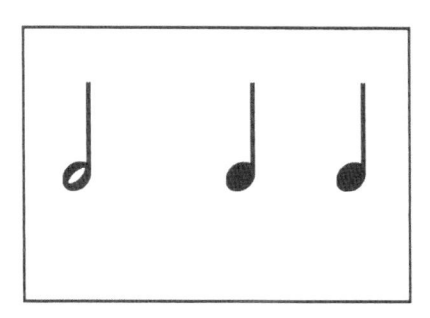

# Colar na seqüência que quiser e bater o ritmo com palmas

Cole os quadrinhos de dois em dois. Você vai criar três seqüências de dois quadrinhos cada.
Cole um quadrinho bem juntinho do outro.
Não interrompa o ritmo no meio da seqüência. (professor (a) deverá reger o coro de palmas).

## Seqüência 1:

cole dois quadrinhos aqui (deixe espaço para desenhar um telhadinho)

## Seqüência 2:

cole dois quadrinhos aqui (deixe espaço para desenhar um telhadinho)

## Seqüência 3:

cole dois quadrinhos aqui (deixe espaço para desenhar um telhadinho)

Para o professor(a): É importante corrigir a seqüência que cada um criou e estimular esse tipo de trabalho através de exercícios no caderno de atividades. Todas as seqüências devem ser tocadas.

# O Rouxinol (de Andersen)

# Parte 6

**Professor(a):**
Vamos ver se vocês são capazes de contar a história do rouxinol. O que já aconteceu naquele reinado da China? (e pede aos alunos que façam um resumo da história)

Mas a história ainda continua:

*Uma certa noite, estando o rouxinol artificial em pleno canto, o Imperador, deitado em sua cama ouvindo-o cantar, de repente ouviu um "Crac". A corda escapuliu e a música parou. Mandou chamar o médico da corte e o relojoeiro, mas ninguém podia fazer nada para consertar o rouxinol. De agora em diante só poderia cantar de vez em quando.*

*Passaram-se cinco anos e uma grande tristeza tomou conta do país.*
*O imperador adoeceu gravemente. Tão doente que já tinha até um sucessor preparado para assumir o seu cargo.*
*Respirava com dificuldade, deitado em sua cama, sentindo chegar a Morte. E pedia ao pássaro artificial para cantar, mas este já estava quase mudo há muito tempo. Só agüentava cantar um pouquinho, muito baixinho, e de vez em quando.*

# A pauta musical

Pauta musical é o grupo de cinco linhas onde se escreve música. Tenho certeza de que vocês já viram uma música escrita.'(se necessário, professor mostra uma partitura)

Pauta musical

## Conjunto de pautas

Tem pauta pra mão direita e pauta pra mão esquerda:

**M.D.**

**M.E.**

(professor (a) deverá ensinar aos alunos *O Bife das Teclas Brancas (OBifinho)*, por imitação)
Consulte no final do livro.

**Repertório por imitação:**
  *1) O Bifinho*
  *2) Lagarta Pintada*
  *3) Bom Companheiro*

# Vamos conhecer as notas na pauta?

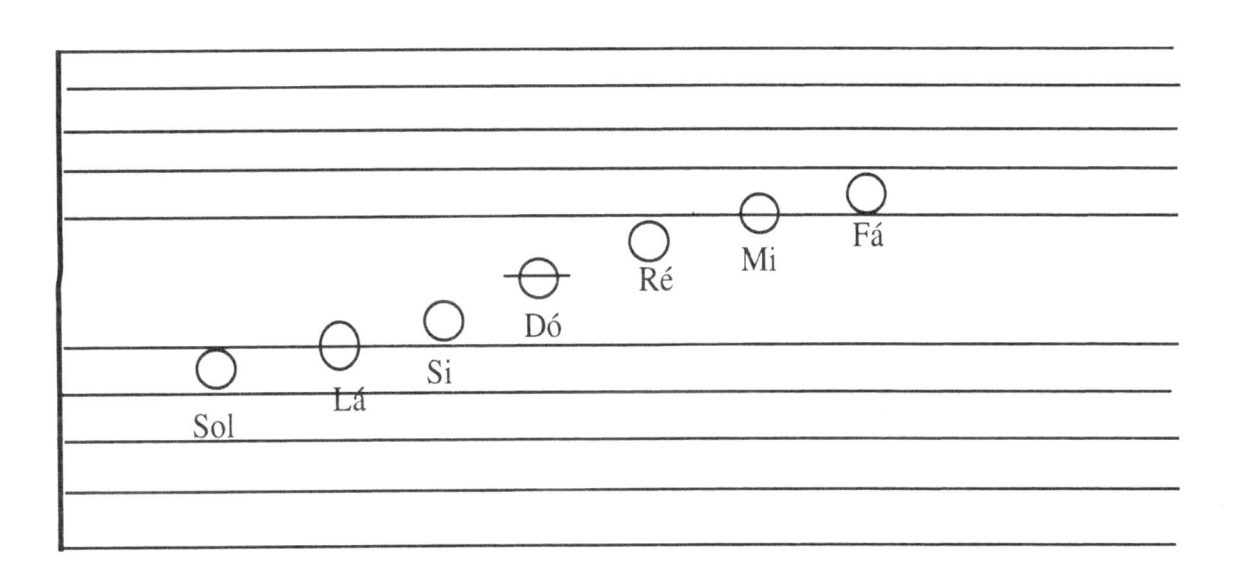

Vocês repararam que o Dó central fica flutuando entre as duas pautas? Não disse que ele parecia um satélite? Vocês se lembram como desenhamos o Dó central?

## Desenhe o Dó central

Desenhe várias vezes, um do lado do outro, dentro desta caixinha aqui embaixo.

Desenhe no seu caderninho todas as notas musicais que você já conhece. (desenhe a pauta)

## Os nomes das sete notas musicais

Todo mundo conhece aquela música do Chico do Enriquez e do Bardotti. Não? Então vou cantar pra vocês:

(professor canta com os alunos)

## Minha Canção

*Dorme a cidade*
*Resta um coração*
*Misterioso*
*Faz-se uma ilusão*
*Soletra um verso*
*Lavra a melodia*
*Singelamente*
*Dolorosamente*
*Doce a música*
*Silenciosa*
*Larga o meu peito*
*Solta-se no espaço*
*Faz-se a certeza*
*Minha canção*
*Resto de luz onde*
*Dorme o meu irmão*

Vamos aprender uma a uma as notas da pauta para que possamos ler as músicas. Vocês não gostariam de poder ler músicas maravilhosas. E, quem sabe, criar suas próprias músicas para que os outros também possam tocar?

Portanto, vamos aprender a ler música notinha por notinha.

# Aprendendo a ler na pauta musical

## Tocando no teclado
## Recordando

1) Qual é a única nota cortadinha no meio e que parece um satélite voador?......................
2) Qual é a nota que fica abaixo do Dó central?................
3) E qual é a nota que fica acima do Dó central?.............

Vamos tocar músicas para a mão direita e músicas para a mão esquerda.

Quando a música estiver escrita na pauta de cima deverá ser tocada pela mão direita.

Quando a música estiver escrita na pauta de baixo deverá ser tocada pela mão esquerda.

## Música para a mão direita:

### Música com duas notinhas

Os números grandes colocados no início da pauta indicam quantos tempos tem cada compasso.
Os números pequeninos embaixo de cada notinha musical indicam qual o dedinho que deverá tocar aquela nota.

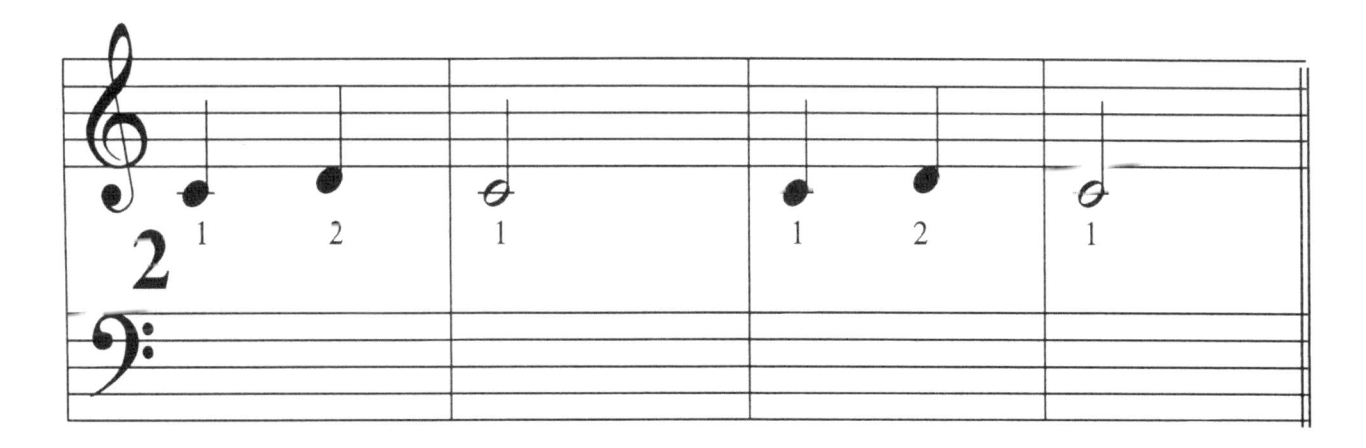

(professor(a)deverá explicar ao aluno que o número grande significa quantos tempos tem cada compasso, e os números pequenos, significam qual dedinho deverá ser usado)

(É importante que o aluno já perceba as claves, pois vamos explicar logo a seguir.)

# Quatro músicas para você ler e tocar
(invente um título para cada uma)

1)

2)

3)

4)

# A clave de Sol e a clave de Fá

*Veja como são lindas as claves*
*Elas mostram que notas tocar*
*O símbolo da música é a de Sol*
*Mas vamos ler também a de Fá*

Para darmos os nomes às notas precisamos colocar uma clave no início da pauta.

A clave de Sol 𝄞 serve para lermos as notas da mão direita.

A clave de Fá 𝄢 serve para lermos notas da mão esquerda.

Portanto vocês já perceberam que **a clave de Sol dá nome às notas mais agudas** (ou seja: do médio para o agudo) e **a clave de Fá dá nome às notas mais graves** (do médio para o grave).

## Vamos aprender a desenhar as claves

(professor ajuda o aluno a desenhar as claves por partes)

Clave de Sol:

Clave de Fá:

Os dois pontinhos colocados junto à clave de Fá servem para dizer que exatamente naquela linha devemos escrever o Fá.

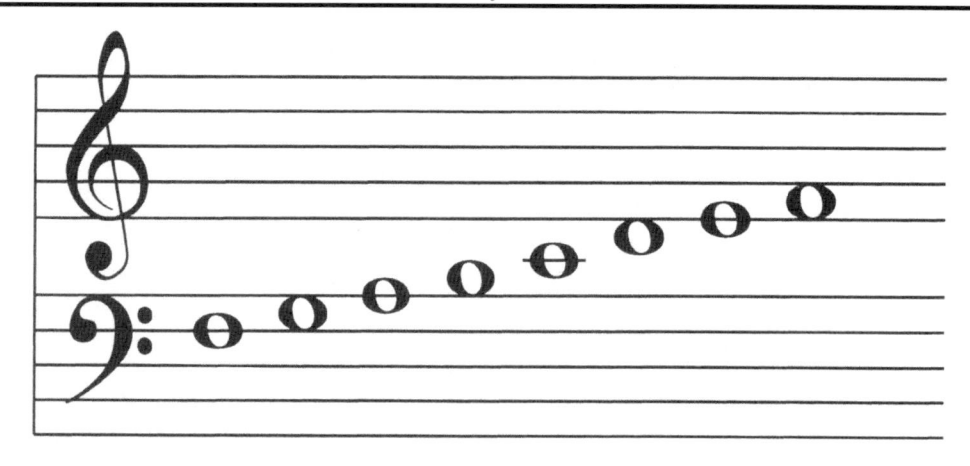

## Dois pontinhos no final

Quando no final de uma música encontrarmos dois pontinhos (um no segundo espaço e outro no terceiro espaço, como colocados abaixo), devemos voltar ao início e tocar a música de novo.

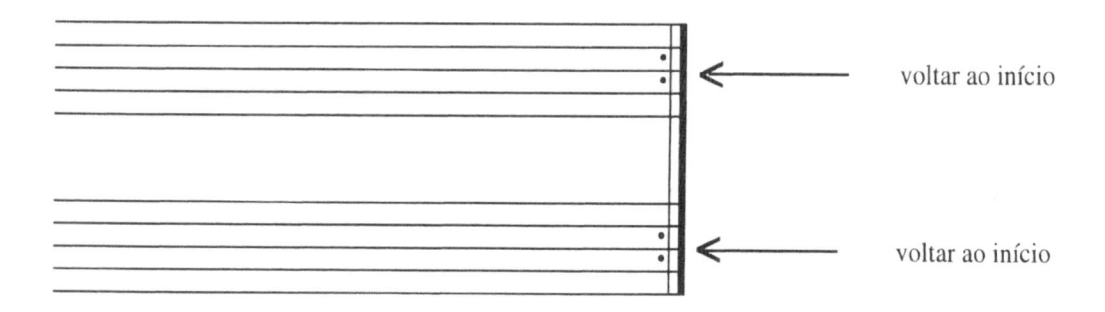

(professor(a) deve ensinar aos alunos por imitação as seguintes músicas)

**Repertório por imitação:**
1) *A Canoa Virou*
2) *Carneirinho, Carneirão*
3) *Oh Suzana*
4) *Careca do Vovô*

# Hastes para cima e hastes para baixo

Quando as notinhas estão colocadas da metade da pauta para baixo usamos hastes para cima e quando as notinhas estão colocadas da metade da pauta para cima usamos hastes para baixo.

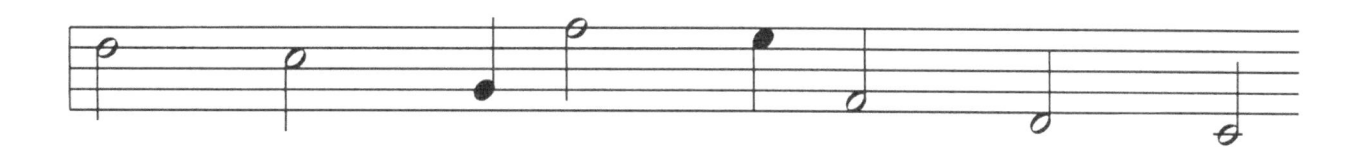

Coloque haste para cima ou para baixo conforme o que acabamos de falar:

Lembramos que a "gordinha" não usa haste.
Eis a "gordinha", ou melhor, a semibreve:

## Recordando

Você se lembra de quantos tempos dura a semibreve?
1, 2, 3 ou 4?......................

Qual a figura que dura um tempo?....................
Qual a figura que dura dois tempos?...............
Qual a figura que dura quatro tempos?.................
A clave de Sol serve para lermos notas tocadas pela mão?...............
A clave de Fá serve para lermos notas tocadas pela mão?..............
Para que servem os dois pontinhos no final da pauta?

# O ponto de aumento

Uma "branquinha", a mínima, seguida de um pontinho dura três tempos. O ponto colocado a seu lado aumenta um tempo, e aí ela passa a durar três tempos: (professor treina contagem)

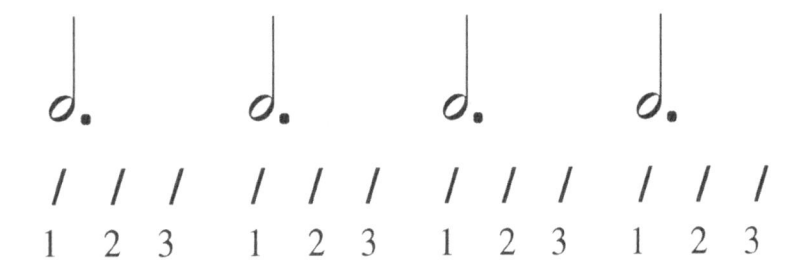

## Vamos copiar?

Copie a seguinte música. (Veja se, tocando, você consegue descobrir qual é a música?)

# Notas nas linhas e nos espaços

Como vocês já viram, existem notas escritas nas linhas e notas escritas nos espaços (ou seja, entre duas linhas):

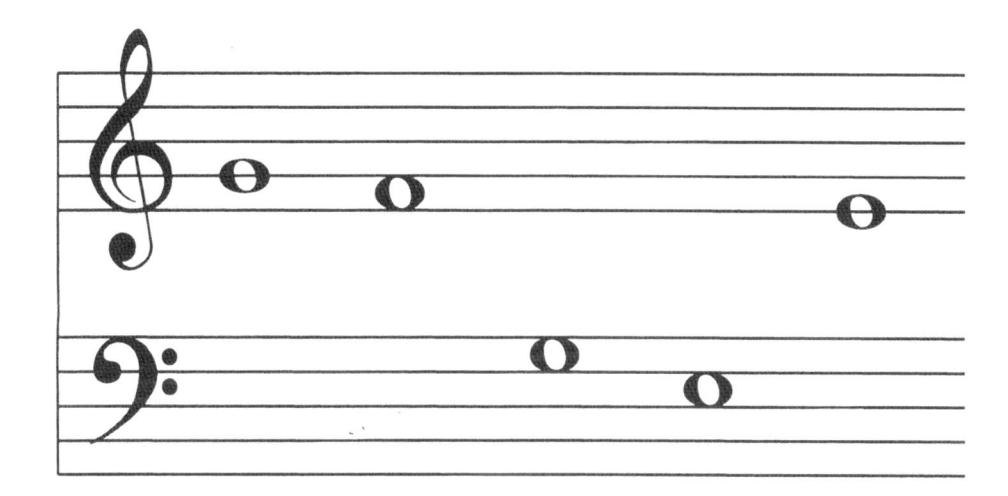

Desenhe na pauta abaixo cinco notas nas linhas. Não precisa repetir nota que você já tenha escrito.

Agora desenhe quatro notas nos espaços entre as linhas.

Desenhe o Dó central (ele tem que ficar entre as duas pautas)

# Recordando as notas

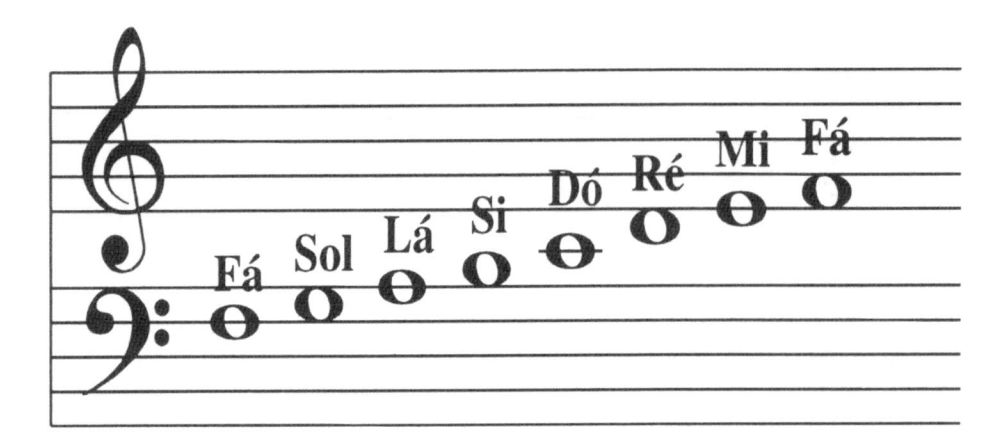

## Respondendo:

Das notas escritas acima, quantas estão nas linhas?................
Quantas estão nos espaços?
Qual é a nota que está no centro (bem no meio)?
Quantas notas estão escritas na região da clave de Fá?
Quantas notas estão escritas na região da clave de Sol?

# O silêncio (a pausa)

*Dia e noite
claro e escuro
mão direita e mão esquerda
inspirar e expirar* (professor demonstra)
*som e silêncio*

A esses silêncios damos o nome de **PAUSAS**.
Eis as pausas que vamos aprender:

Pausa de um tempo: 𝄽 (cobrinha)

Pausa de dois tempos: ▬ (chapeuzinho pra cima)

Pausa de três tempos: ▬. (chapeuzinho pra cima com pontinho)

Pausa de quatro tempos: ▬ (chapeuzinho pra baixo)

Não precisamos de mais pausas para podermos ler nossas músicas por ora.

Você se lembra da nota que vale um tempo? Qual é o seu nome?....................

Desenhe uma nota de um tempo. Primeiro com haste para cima (a nota tem que estar da metade da pauta para baixo).

Agora desenhe uma nota de um tempo com haste para baixo (a nota tem que estar da metade da pauta para cima).

# Desenhando as pausas

Agora copie a pausa (silêncio) de um tempo, ou seja, a pausa da semínima. Farei a primeira e você deverá continuar copiando. Faça pelo menos dez pausas.

Copie a pausa de dois tempos (mínima). Repare que ela está agarradinha logo acima da terceira linha.

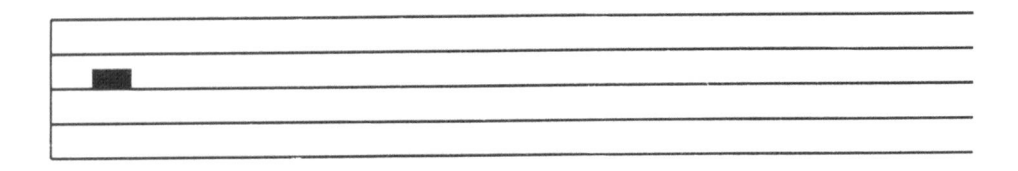

A pausa de três tempos tem um pontinho. Copie.

Ou pode ser a combinação de duas pausas: a de dois tempos mais uma de um tempo: 2+1= 3 Copie cinco vezes. Deixe espaço entre cada duas pausas para não haver confusão.

Vamos desenhar a pausa de quatro tempos? Repare bem que ela fica pendurada na quarta linha. Como se chama a figura "gordinha" que vale quatro tempos?..........................

Copie dez vezes a pausa de quatro tempos, ou seja, a pausa de semibreve.

**Repertório por imitação:**

*1) Escravos de Jó*
*2) Lagarta Pintada*
*3) Gatinha Parda*
*4) Mulher Rendeira*
*5) Peixe Vivo*
*6) Ciranda, Cirandinha*

# O Arco-Íris
## de Hardy Guedes A. Filho

*Onde será que se escondia esse bailado de cores que antes não existia?*
*E esse Pintor, invisível, que com graça, com arte, colore o céu para mostrar que a luz se reparte?*

Pinte as sete
cores do arco-íris

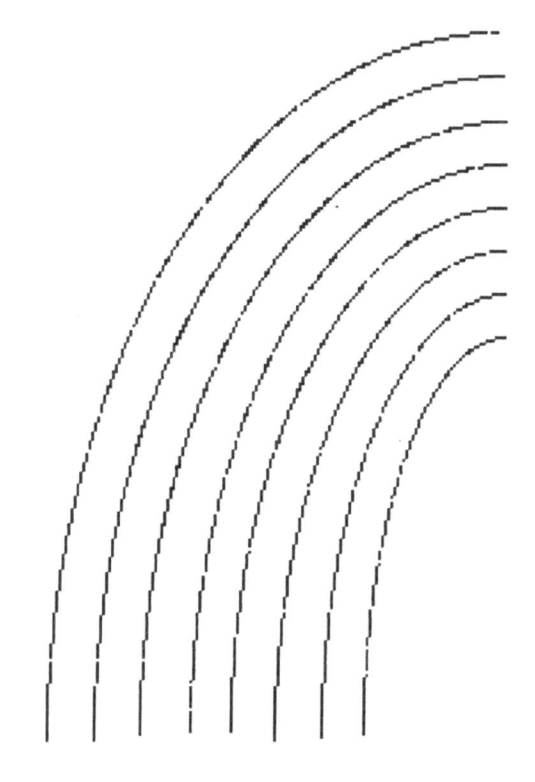

**Da esquerda para a direita: vermelho, laranja, amarelo, verde, azul-claro, azul-escuro e roxo.**

Agora, pinte as sete notas musicais com as sete cores do arco-íris. Diga o nome de cada uma. Escolha a cor que você quiser para cada nota.

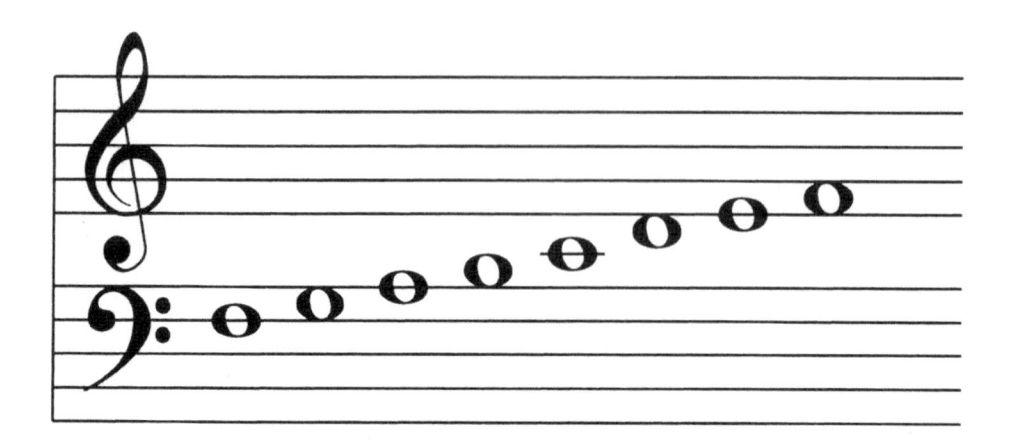

# Lendo notas e silêncio

Bata o ritmo com o seu pezinho.

/ / / / / / / / / /

Agora conte de quatro em quatro (todos).

/ / / /    / / / /    / / / /
1 2 3 4    1 2 3 4    1 2 3 4

De três em três.

/ / /    / / /    / / /    / / /
1 2 3    1 2 3    1 2 3    1 2 3

E de dois em dois. Como fica?

/ /   / /   / /   / /   / /   / /
1 2   1 2   1 2   1 2   1 2   1 2

Costumamos começar uma música de contagem de:

**quatro tempos com o compasso 4/4**
**três tempos com o compasso 3/4**
**dois tempos com o compasso 2/4**

Vocês já devem ter notado isso por aí, não é?

# Complete as casinhas com notas e pausas

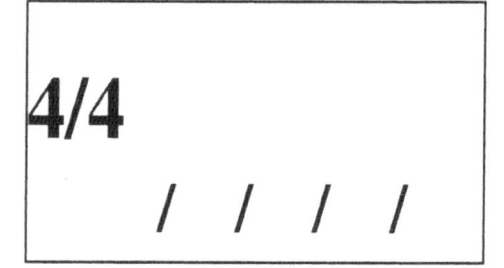

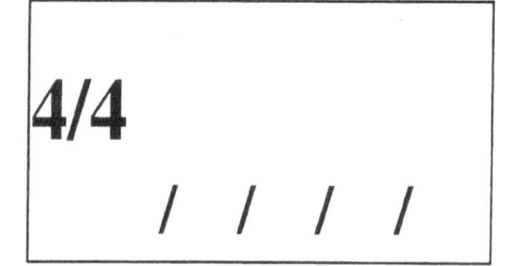

| 4/4  / / / / | 4/4  / / / / |

| 3/4  / / / | 3/4  / / / |

| 2/4  / / | 2/4  / / |

## Criando mais combinações:

| 2/4  / / | 3/4  / / / / |

| 3/4  / / / | | 4/4  / / / / |

# Agora, vamos ler?

Toque no piano com o polegar da mão direita. (professor escolhe uma nota para cada aluno e conta em voz alta):

1)

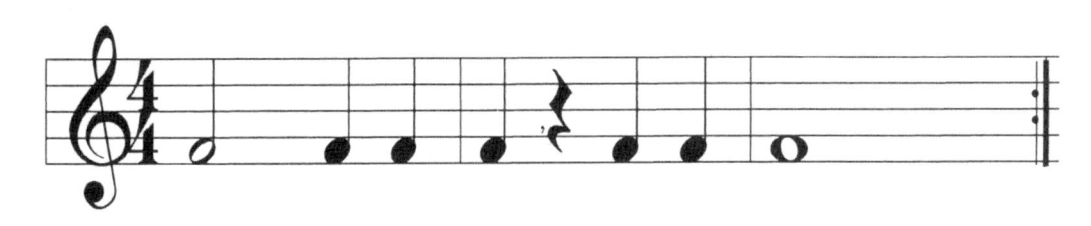

2)

3)

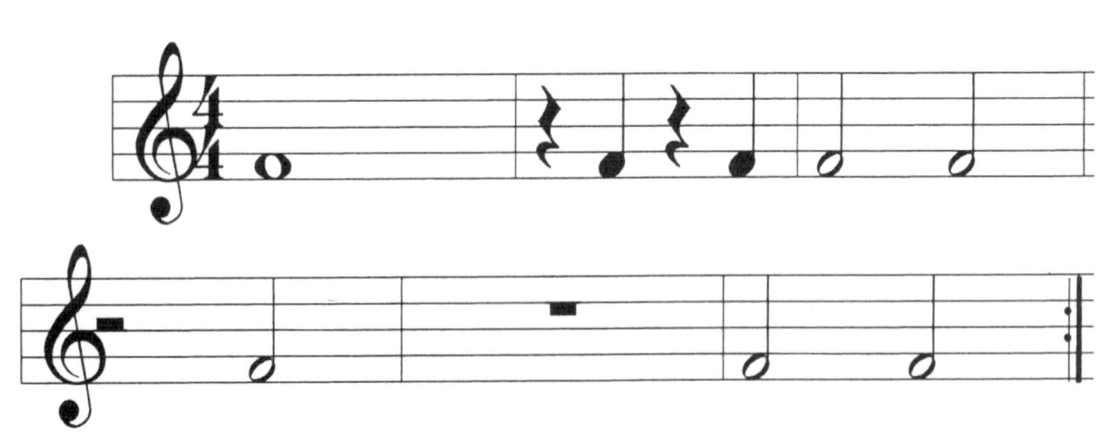

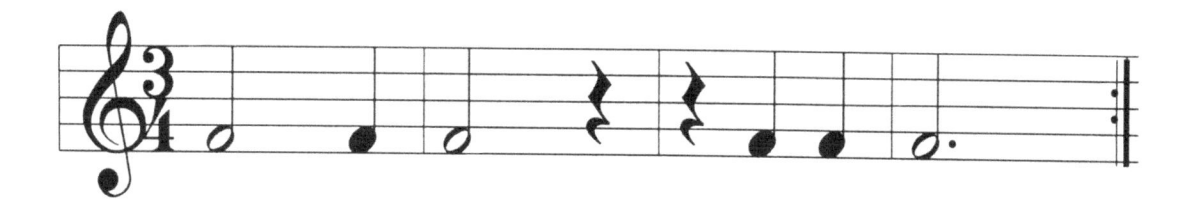

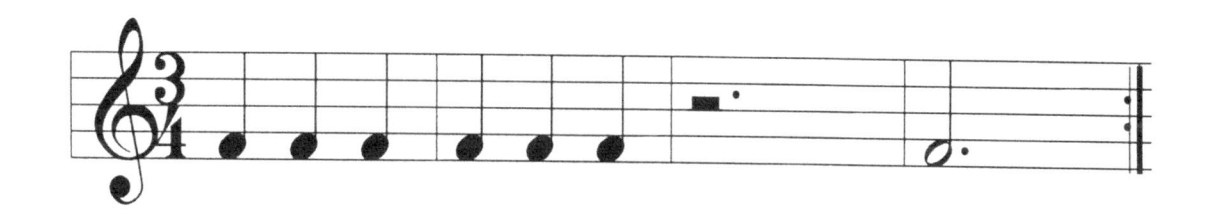

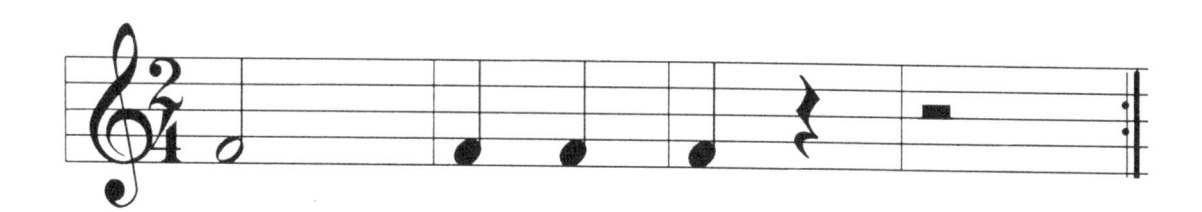

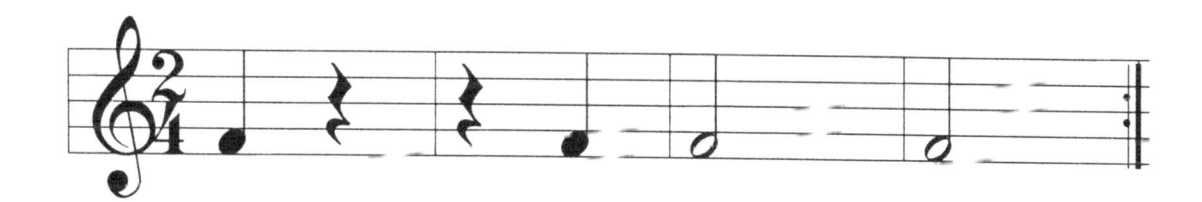

4)

5)

6)

7)

# O Rouxinol (de Andersen)
# Parte 7

    E aí? Vocês ainda se lembram do rouxinol? Acho que depois de tanta coisa que estamos aprendendo é hora de continuarmos nossa linda história.

    Vocês se lembram de que o Imperador adoeceu gravemente, estava triste e pedia ao pássaro artificial que cantasse para ele? Aquilo já não era tão possível assim, pois o rouxinol artificial já não estava funcionando bem.

    *Um dia, de repente, veio da janela um canto maravilhoso. Era o verdadeiro rouxinol, pousado num galho bem perto dali. Sabendo da doença do Imperador, veio trazer consolo e esperança. À medida que ele cantava, o Imperador ia melhorando: o sangue corria mais rápido pelo corpo enfraquecido do Imperador e até a Morte, escutando a bela canção disse:*

    *- Continue, lindo rouxinol!*

    *- Continuo - disse ele - , mas você me dá a espada de ouro? Você me dá a bandeira? Você me dá a coroa do Imperador?*

    *E a Morte foi entregando os tesouros em troca de outras canções.*

    *O rouxinol continuou cantando. Cantou sobre a quietude, aquele silêncio igual ao silêncio do jardim da Morte. E a Morte sentiu saudades de seu jardim e saiu pela janela.*

# Vamos relembrar as claves?

Então copie.

## Clave de Sol:

## Clave de Fá:

## Agora desenhe:

1) Três pausas de semínima:

2) Quatro pausas de mínima:

3) Quatro pausas de semibreve:

4) Três pausas de mínima pontuada:

# Som fraco e som forte

Ah! Que pena que não podemos tocar fraco e forte no tecladinho eletrônico sem diminuir ou aumentar a chave do volume. Mas isso não faz mal. Você tem possibilidade de controlar o volume (intensidade) do som mesmo assim.

Toque no teclado com o volume baixinho, fraquinho! (professor ensina)

Agora, toque com o volume forte! (professor ajuda)

Deu pra sentir a diferença?

Mas não são todas as músicas que devemos tocar com a mesma intensidade, o mesmo volume.
Por exemplo: se o vizinho ou o pessoal da sala ao lado estiver achando que você está tocando muito forte, poderá resolver o problema de duas maneiras: ou usar o fone de ouvido (professor já deve ter ensinado, mas pode aproveitar este momento para explicar melhor) ou então controlar o volume do seu teclado, diminuindo (fraco) ou aumentando (forte).

Mas é claro que você estará tocando muito bem a esta altura e todos vão gostar de ouvir.
Mesmo assim, você pode diferenciar um som forte de um som fraco através da música que escolher para tocar. Por exemplo, se você estiver tocando uma música suave, uma canção melodiosa, toque com som mais fraco. E se você estiver tocando uma música ritimada, um Rock ou um Swing, por exemplo, toque com o som mais forte.

No piano também é fácil diferenciar um som fraco de um som forte: é questão de força nos dedinhos e no ataque das mãos. Mas cuidado para não arrebentar as cordas! Se estiver tocando uma música e quiser um som muito suave, use o pedal da esquerda, o abafador. (professor demonstra) Se quiser tocar uma música com som forte, é só pressionar as teclas com mais força.

Que pena que não podemos usar um fone para tocar piano, não é?

Toque um som bem fraquinho no piano!

Agora um som com intensidade média.

Toque um som forte no piano!

Você já deve ter reparado que certos animais emitem sons fortes e outros, sons fracos.

# Respondendo:

Um gatinho emite um som?............

E uma arara?...................

(professor toca uma série de sons com intensidades diferentes no piano para que o aluno identifique)

**Repertório por imitação:**
1) *A Carrocinha*
2) *Margarida*
3) *Pirulito que Bate, Bate*
4) *Sapo Jururu*
5) *O Cravo Brigou com a Rosa*
6) *Marré de Ci*

Você na certa já conhece o livro "Uma Arara e Sete Papagaios", de Ana Maria Machado e Claudius, editado pela Melhoramentos. Pois agora vamos fazer uma brincadeira com a história dele. Para quem não conhece, vamos ir contando. Mas depois procure ler, que é muito divertido,

# A Arara e os Sete Papagaios

*A arara falava bem forte:*
- **Arara, arara!** Vamos todos imitar uma arara cantando bem forte.
*Poti, um indiozinho, veio para a sua taba* (vocês sabem o que é uma taba?) *com sua arara bonita.*
Vamos repetir o som da arara. Desta vez bem baixinho:
- **Arara, arara!**
Muito bem! Agora no agudo:
- **Arara, arara!**
E no grave:
- **Arara, arara!**
*Era uma arara danada de tagarela. Só parava de noite para dormir: fazia uma pausa.* Vocês se lembram o que é uma pausa) - (professora(a) pergunta.)
*Ficou tudo sossegado: a arara no poleiro e o indiozinho na rede.*
*De dia, muito cedo, a arara já gritava fortíssimo de novo:* (todos cantam muito forte)
- **Arara, arara.**
Quantas notas tem a palavra **a-ra-ra**, vocês sabem? Uma, duas ou três?
*A avó do indiozinho pedia para a arara parar de cantar. Estava muito chato tudo aquilo.*
*Aí, o pai do indiozinho teve uma idéia: saiu de canoa pelo rio e foi buscar sete papagaios.* Olhem só: sete papagaios. É muito papagaio, vocês não acham? Dá para ser um para cada nota musical. Quais são as notas musicais que vocês conhecem?
**Dó, Ré,** .........................(professor colabora, se necessário).
*E cada papagaio repetia:*
- *Arara!* (professor pede para cada aluno cantar uma vez a palavra *arara* até completar sete - pode ser um em cada nota musical)
*Era demais tudo aquilo!*
*O indiozinho, então, pegou a arara e os sete papagaios, botou na canoa e saiu pelo rio remando, remando. Lá no meio da mata, parou e falou:*
- *Voa, arara, voa*
- *Voa papagaio, voa.*
- *Lugar de papagaio e de arara é no mato.*
*E a taba ficou sossegada.*

# Vamos cantar a música da arara?

## Arara

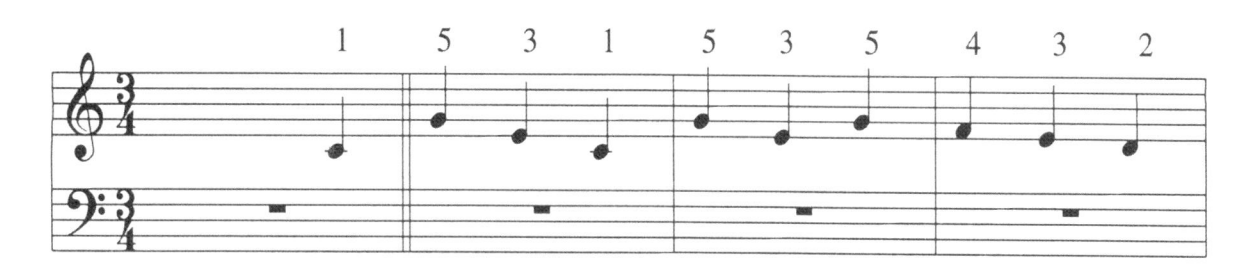

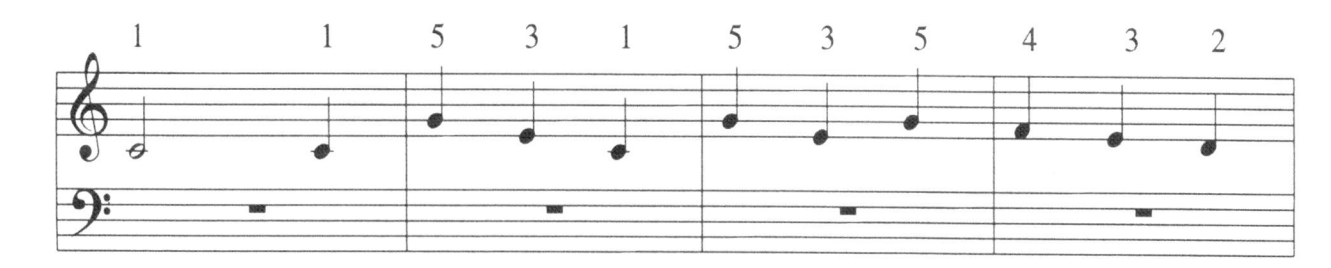

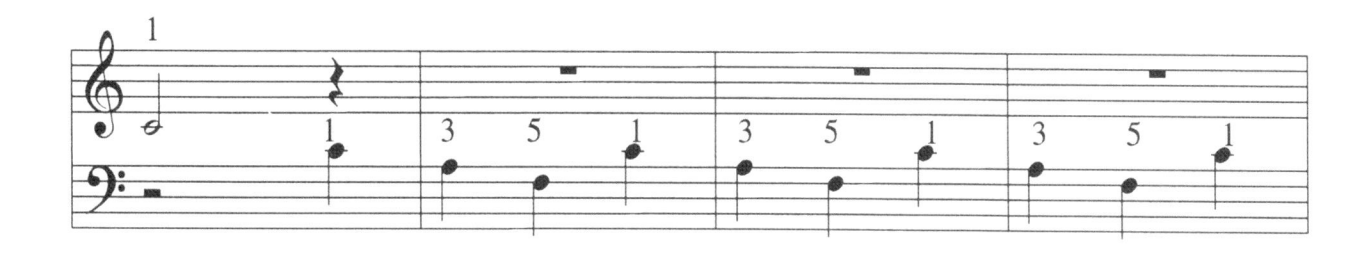

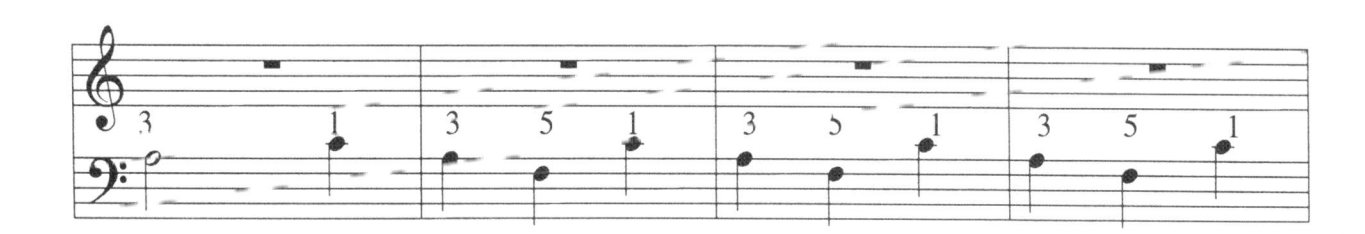

# O Rouxinol (de Andersen)
## Última parte

*Depois que a Morte saiu pela janela, o Imperador voltou-se para o rouxinol e disse:*
*- Obrigado, obrigado. Você, celestial pássaro! Eu o conheço bem. Expulsei-o do meu reino e você veio afastar os demônios de meu leito, expulsar a Morte de meu coração. Como posso recompensá-lo?*
*- Já estou recompensado - disse o rouxinol. - Nunca vou esquecer que vi lágrimas em seus olhos, quando cantei aqui a primeira vez. Isso contenta o coração de um cantor ou de um músico. Agora durma para recuperar suas forças, que eu continuarei cantando.*
*E o Imperador dormiu até que o sol entrou pela janela. E o rouxinol continuava cantando e improvisando seu canto mais belo.*
*- Nunca mais deve sair do meu lado e cante quando quiser. E quanto ao pássaro artificial, vou quebrá-lo em pedaços.*
*- Não! Isso não - pediu o rouxinol. - Ele fez todo o bem que pôde. Apenas deixe-me vir quando sentir desejo. Então eu sentarei à tarde, na janela, e cantarei para você algum canto que o deixe contente e cheio de bons pensamentos. Eu cantarei a alegria e a tristeza, o bem e o mal, para que saiba tudo o que se esconde à sua volta. Eu amo mais o seu coração do que a sua coroa, embora a sua coroa tenha um ar de santidade.*
*E quando os criados entraram para ver se o Imperador já estava morto, este respondeu:*
*- BOM DIA! A música do rouxinol encheu meu coração de alegria. Estou mais feliz do que nunca!*

# Repertório Complementar

# Soldadinho

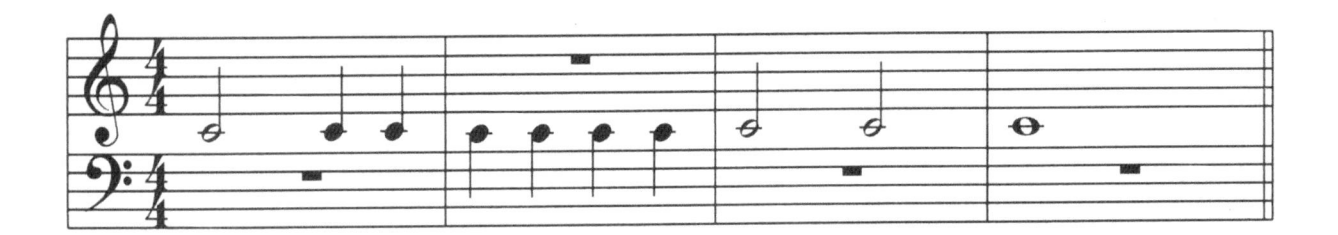

## Para a Mão Esquerda

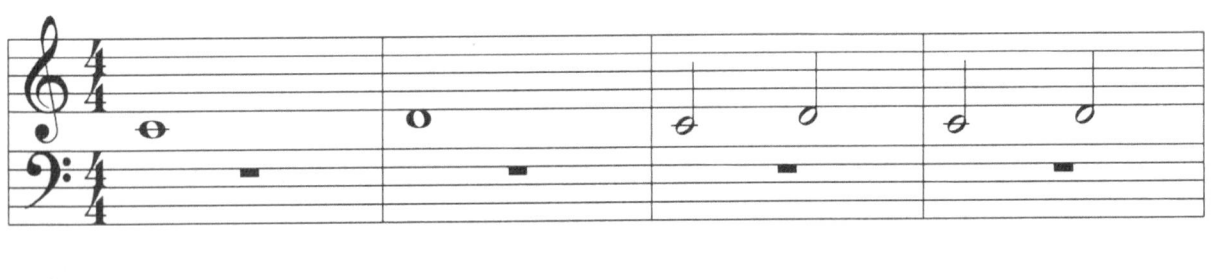

# Dó - Dó - Ré

# Brincando na Neve

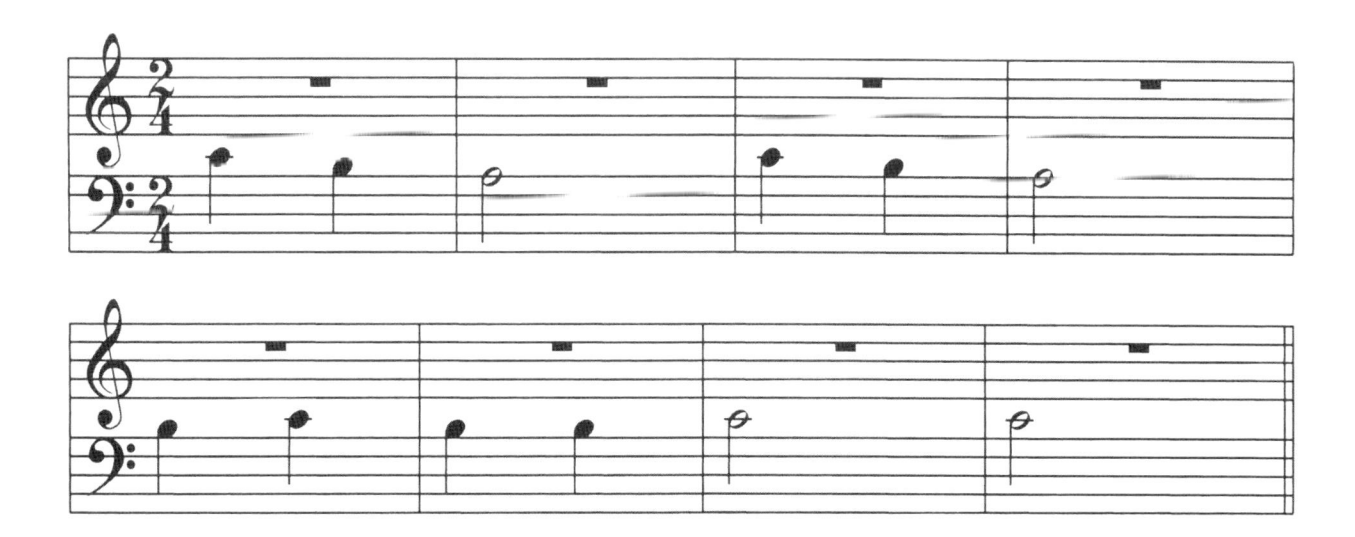

# Branquinhas, Pretinhas e Gordinhas

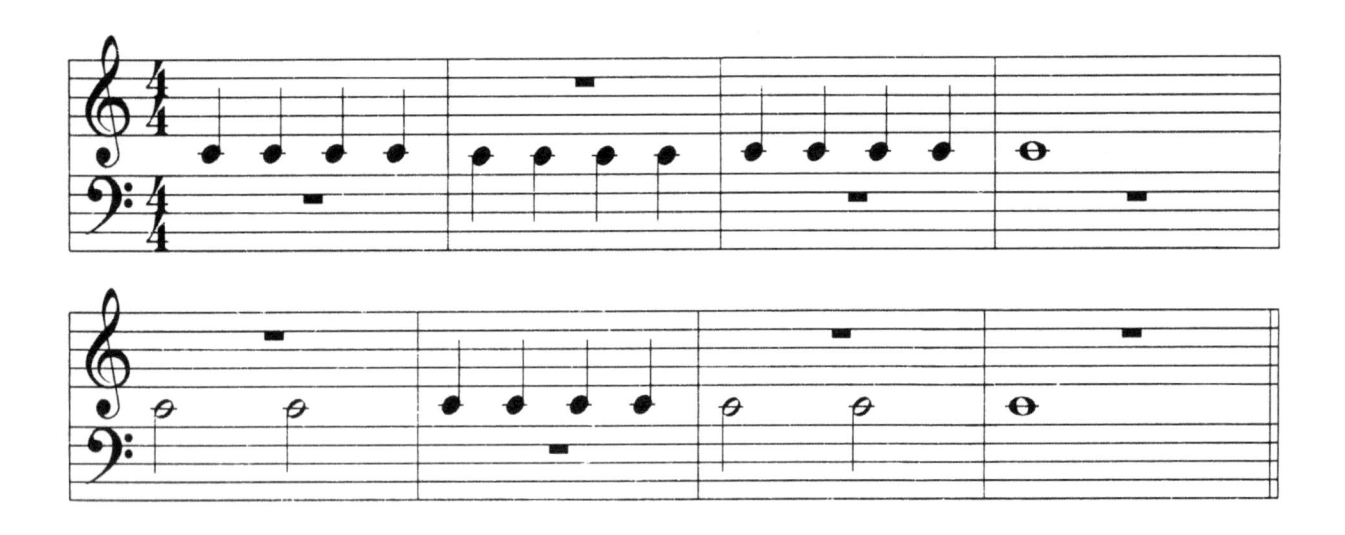

# Vai e vém

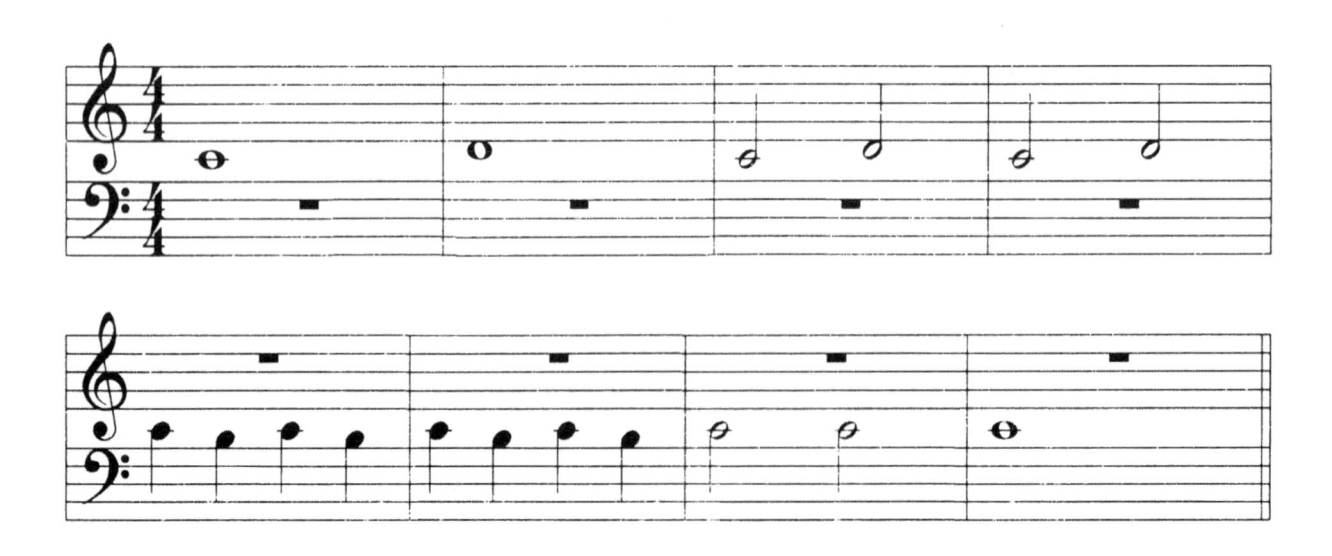

# Navegando pelo Mar

# Sobe e Desce

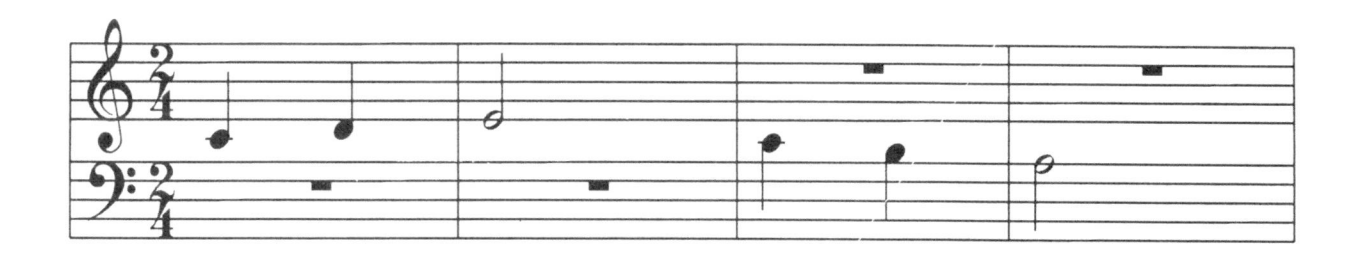

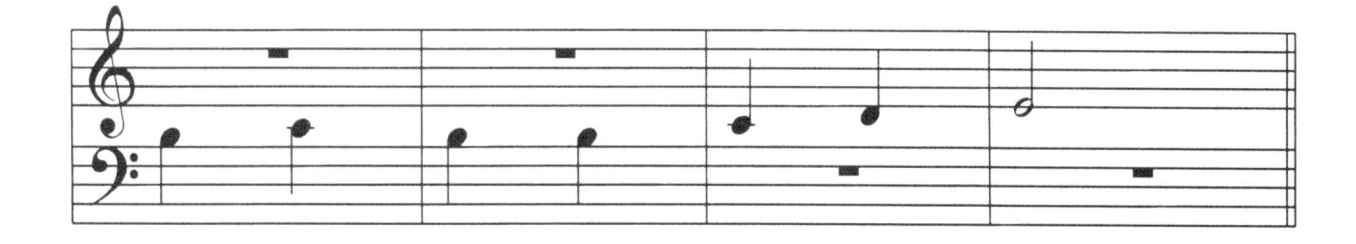

# Valsa

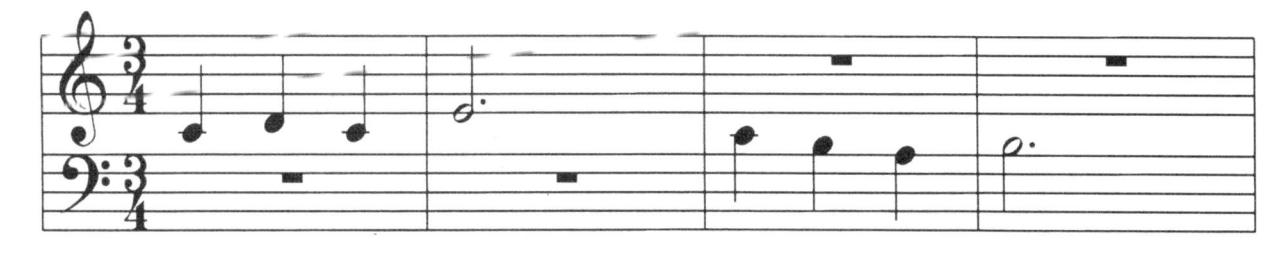

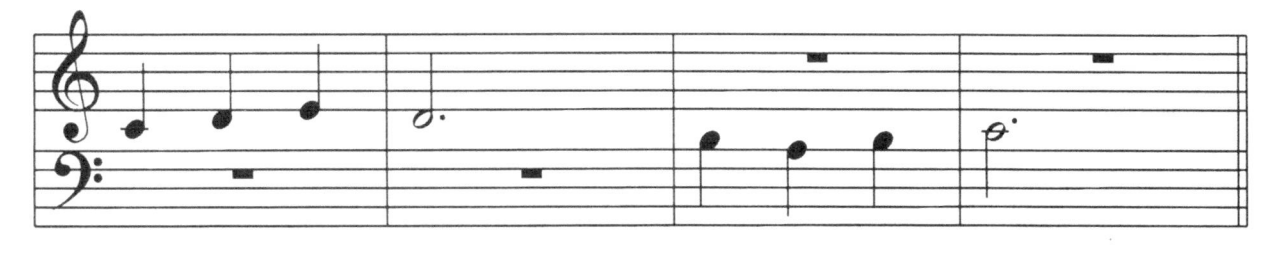

# Pescando no Riacho

# Valsa das Andorinhas

# REPERTÓRIO POR IMITAÇÃO

# O Bifinho

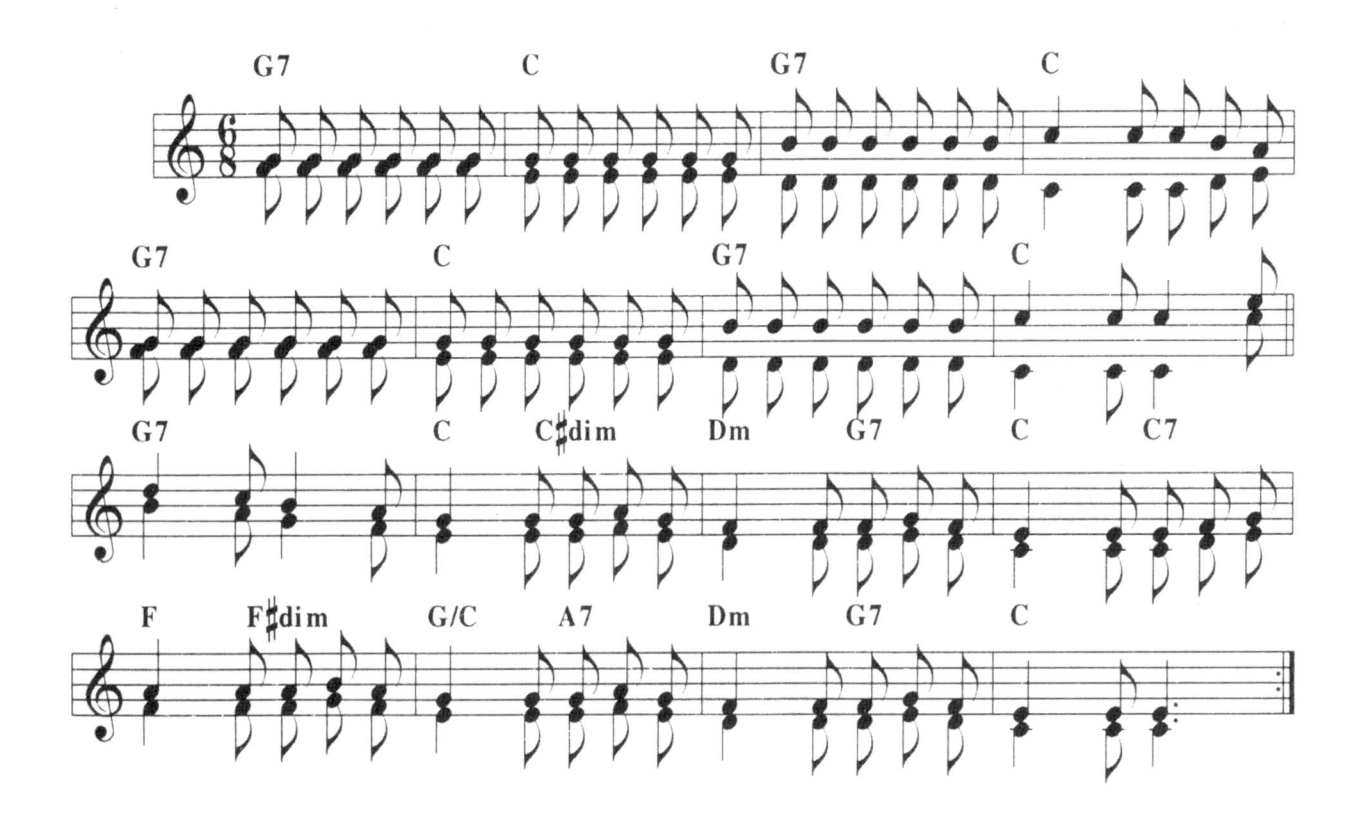

# Lagarta Pintada

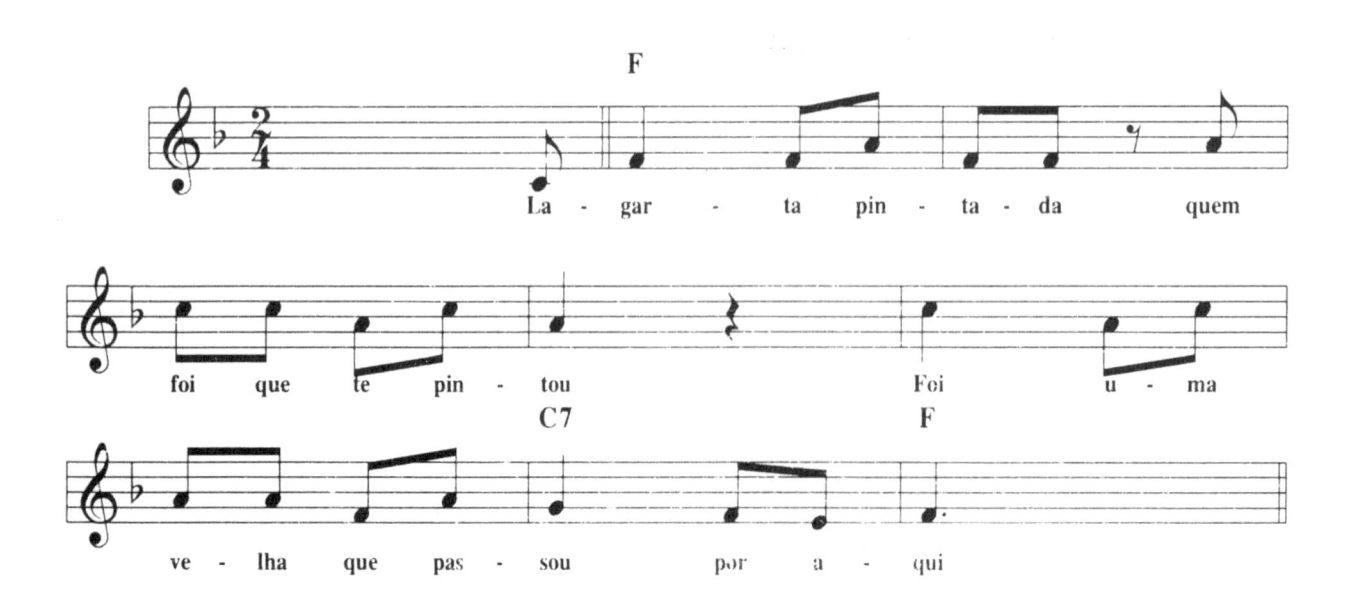

La - gar - ta pin - ta - da quem foi que te pin - tou  Foi u - ma ve - lha que pas - sou por a - qui

## Bom Companheiro

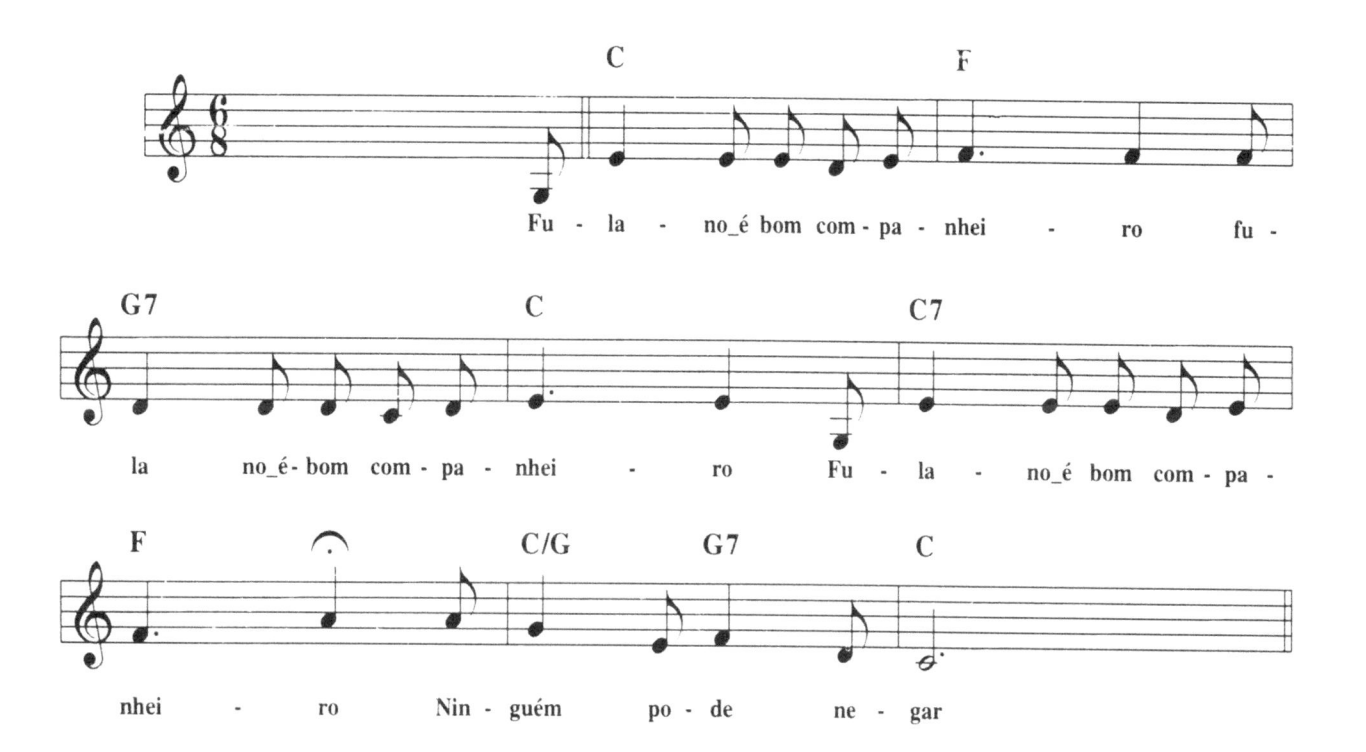

Fulano_é bom companheiro fulano_é bom companheiro Fulano_é bom companheiro Ninguém pode negar

## A Canoa Virou

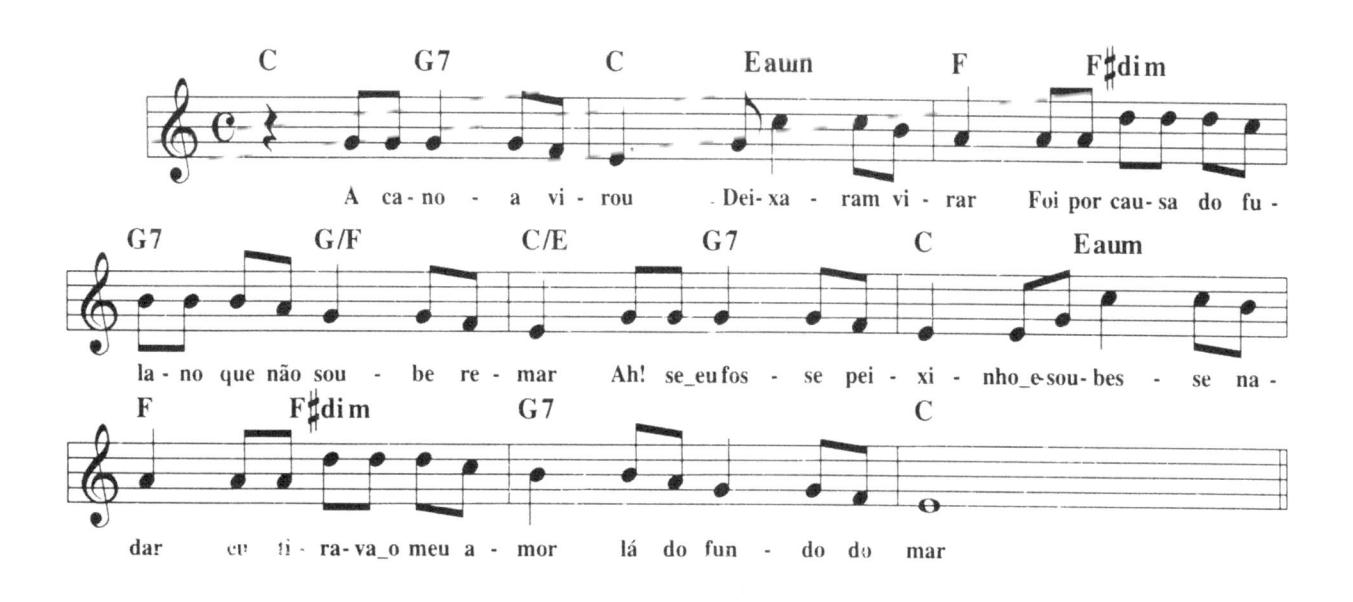

A canoa virou Deixaram virar Foi por causa do fulano que não soube remar Ah! se_eu fosse peixinho_e soubesse nadar eu tirava_o meu amor lá do fundo do mar

# Carneirinho, Carneirão

Car - nei - ri - nho car - nei - rão nei - rão nei - rão O - lhai pro céu o - lhai pro chão pro chão pro chão Man - da_o Rei Nos - so Se - nhor se - nhor se - nhor Pa - ra to - dos se_a - jo - e - lhar

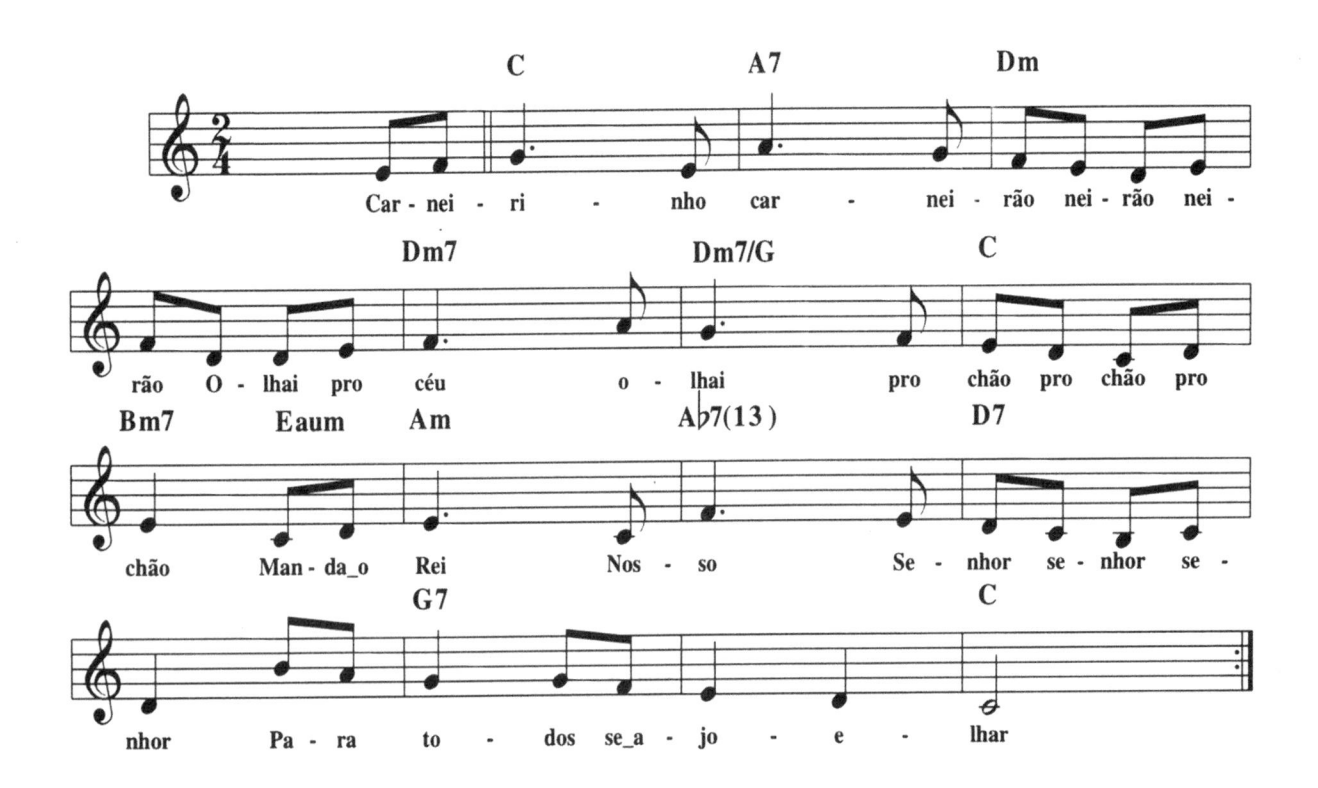

# Oh Suzana!

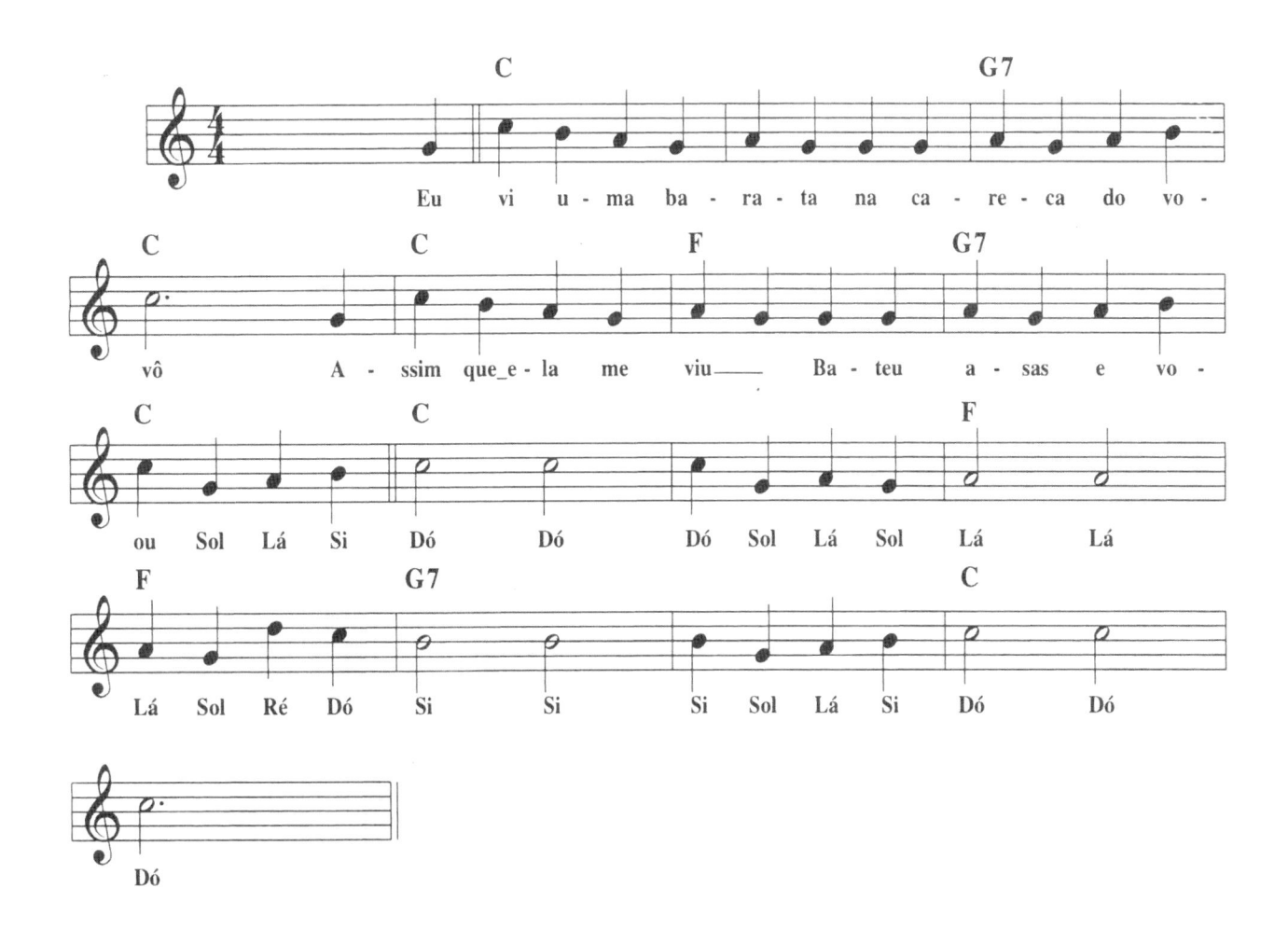

# Careca do Vovô

Eu vi u-ma ba-ra-ta na ca-re-ca do vo-vô   A-ssim que_e-la me viu— Ba-teu a-sas e vo-ou Sol Lá Si Dó   Dó   Dó Sol Lá Sol Lá Lá Lá Sol Ré Dó Si   Si   Si Sol Lá Si Dó Dó Dó

# Escravos de Jó

Es - cra - vos de Jó jo - ga - vam ca - xan - gá Ti - ra bo - ta Dei - xa_o Zé - be - lê fi - car Guer - rei - ros com guer - rei - ros fa - zem zi - gue zi - gue zá Guer - rei - ros com guer - rei - ros fa - zem zi - gue - zi - gue zá

# Gatinha Parda

Antonio Adolfo

Ah minha gatinha parda
Que em janeiro me fugiu
Quem roubou minha gatinha você sabe você sabe você viu
Quem roubou minha gatinha você sabe você sabe você viu

# Mulher Rendeira

O - lê mu - lher ren - dei - ra O - lê mu - lher ren - dá Tu me en - si - na a fa - zer renda Que eu te en si - no a na - mo - rar Tu me en - si - na a fa - zer ren - da Que eu te en - si no a na - mo - rar

# Peixe Vivo

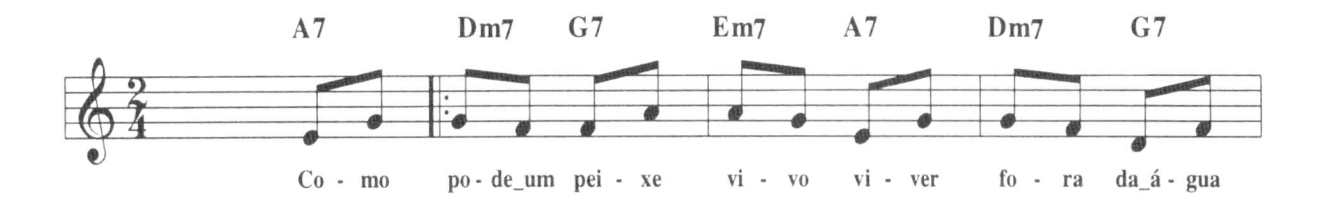

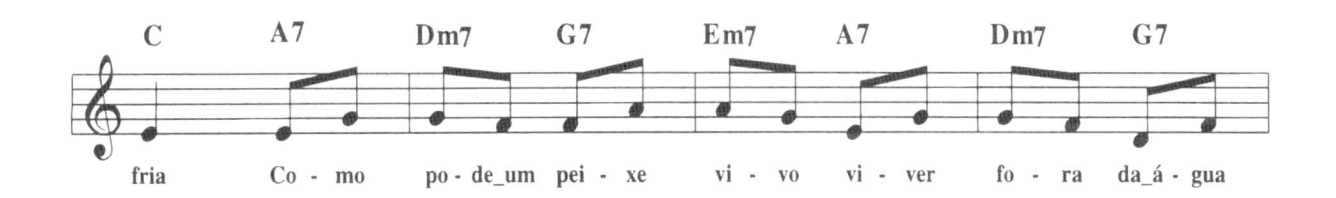

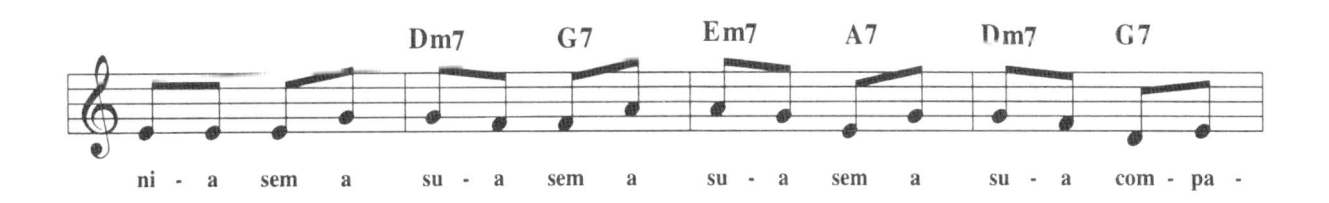

Co - mo po - de um peixe vi - vo vi - ver fo - ra da á - gua fria Co - mo po - de um pei - xe vi - vo vi - ver fo - ra da á - gua fria Como po - de - rei vi - ver como po - de - rei vi - ver Sem a su - a sem a su - a sem a su - a com - pa - ni - a sem a su - a sem a su - a sem a su - a com - pa - ni - a

# Ciranda, Cirandinha

Ci - ran - da ci - ran - di - nha Va - mos to - dos ci - ran -
nel que tu me des - te e - ra vi - dro_e se que -

dar Va - mos dar a me - ia vol - ta vol - ta_e me - ia va - mos
brou O a - mor que tu me ti - nhas e - ra pou - co_e se_a - ca

1ª dar O a
2ª bou

# A Carrocinha

A car-ro-ci-nha pe-gou três ca-chor-ros de_u-ma vez A car-ro-ci-nha pe-gou três ca-chor-ros de_u-ma vez Tá-rá rá que gen-te_é essa Tá-rá rá que gen-te má Tá-rá-rá que gen-te_é es-sa Tá-rá-rá que gen-te má

# Margarida

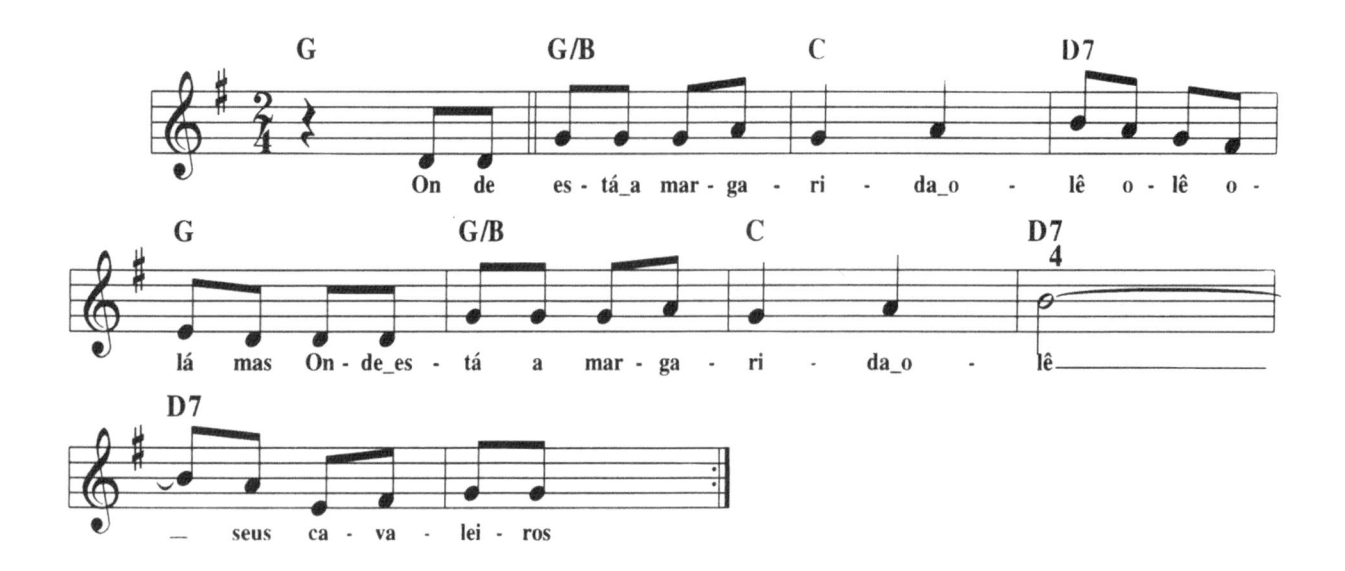

| G | G/B | C | D7 |

Onde está a margarida o-lê o-lê o-

| G | G/B | C | D7 |

lá mas Onde está a margarida o-lê

| D7 |

seus cavaleiros

# Samba Lê-lê

| C | G7 | G7 |

Samba lelê tá doente Tá co'a cabeça que-

| C | C | G7 |

brada Samba lelê precisava

| G7 | C | C |

De uma boa lambada Samba samba

| G7 | G7 |

samba lelê Samba samba

| C |

samba lelê

# Pirulito que Bate, Bate

Pi - ru - li - to que ba - te ba - te Pi - ru - li - to que já ba - teu Quem gos - ta de mim é e - la quem gos - ta de - la sou eu

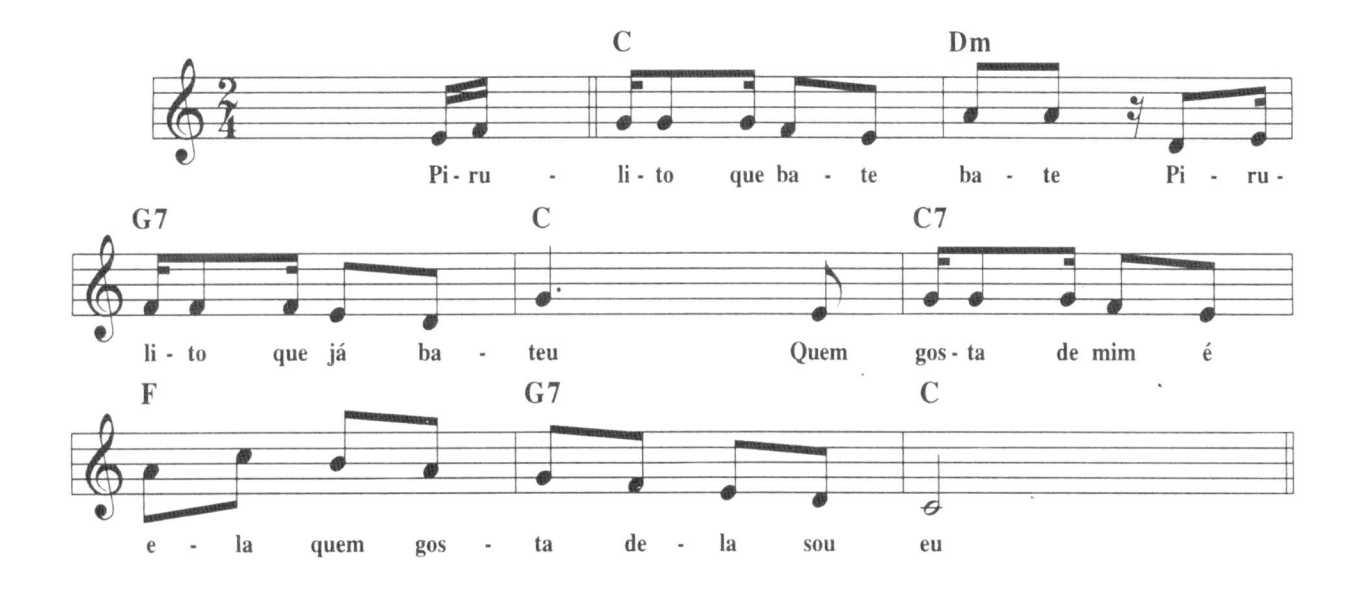

# Sapo Jururu

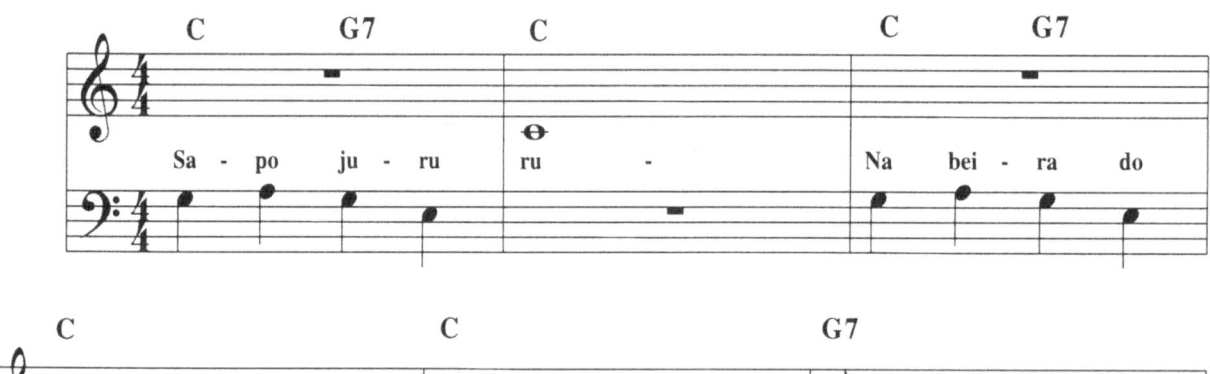

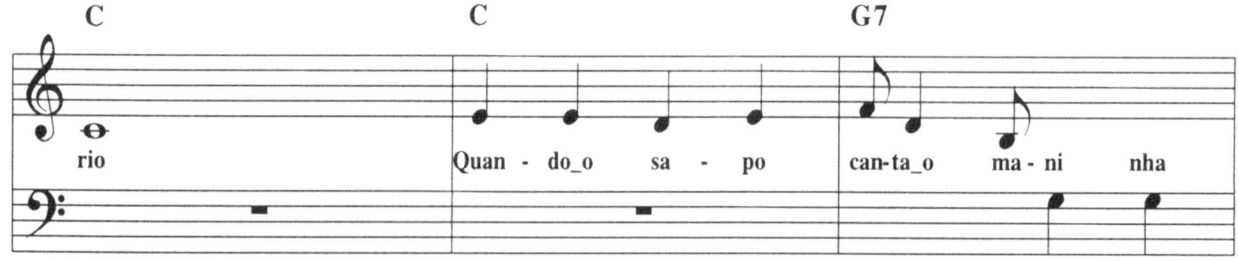

Sa - po ju - ru ru - Na bei - ra do rio Quan - do_o sa - po can-ta_o ma - ni - nha É si - nal de frio

# O Cravo Brigou com a Rosa

*Lyrics line 1:* O cra-vo bri-gou com_a ro-sa de-bai-xo de_u-ma sa-ca-da O cra-vo sa-iu fe-ri-do e_a ro-sa des-pe-da-ça-da O

*Lyrics line 2:* cra-vo fi-cou do-en-te e_a ro-sa foi vi-si-tar O cra-vo te-ve_um des-ma-io e_a ro-sa pos-se_a cho

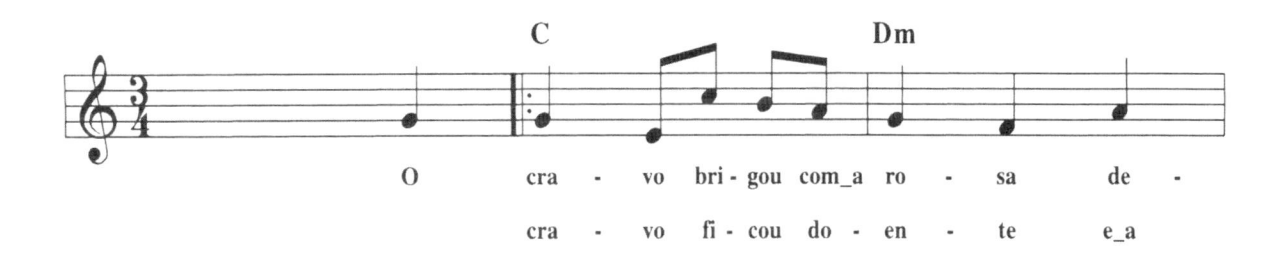

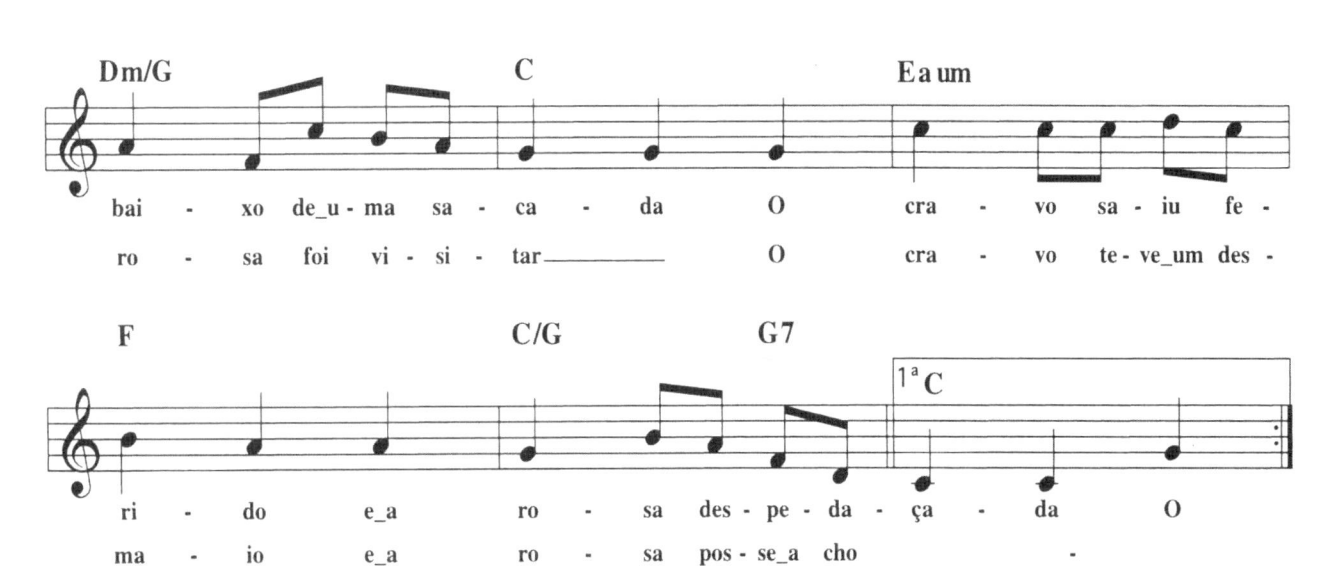

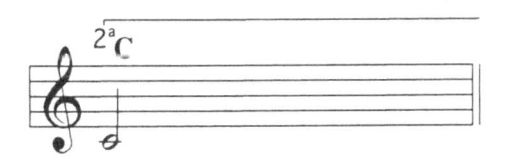

# Marré de Ci

Eu sou po - bre po - bre po - bre de ma - rré ma - rré de ci
Eu sou po - bre po - bre po - bre de ma - rré de ci Eu sou

ri - co ri - co ri - co de mar - ré mar - ré de ci
Eu sou ri - co ri - co ri - co de mar - ré de ci

## RELAÇÃO DAS OBRAS INSERIDAS NESTE LIVRO E RESPECTIVOS TITULARES

Com exceção da música "Minha canção" e das canções folclóricas, todas as outras são de autoria de Antonio Adolfo.

**Músicas:**

*Minha canção*
Marola Edições Musicais Ltda.
Av. Ataulfo de Paiva, 135/1506 - Rio de Janeiro - Brasil

*Parabéns a você*
Summy Birchard Music
Direitos cedidos para o Brasil à Warner Chappell Edições Musicais Ltda.
Rua Gal. Rabelo, 43 - Rio de Janeiro - Brasil
Todos os direitos reservados.

**Textos:**

*O rouxinol*
Mary Jane Ferreira França e Eliardo Neves França

*Maria fumaça*
Antonio Bernardino da Silva
Editora Ática S/A

*Coração apaixonado*
*O riacho*
*Passarinho*
*A flor e o vento*
*O arco-íris*
Hardy Guedes A. Filho
Editora Scipione

*Uma Arara e Sete Papagaios*
Ana Maria Machado
Editora Melhoramentos, 1985.

# centro musical antonio adolfo

## Cursos livres e profissionalizantes

Rua Almirante Pereira Guimarães, 72 cob. 01/02
Leblon - Rio de Janeiro - RJ - Brasil
Cep: 22440-005
Fone: (21) 2274-8004 / 2294-3079
E-mail: cmaa@antonioadolfo.mus.br
www.antonioadolfo.mus.br